Dienstag
11. September
2001

Rowohlt

1. Auflage Oktober 2001
Copyright © 2001 by Rowohlt Verlag GmbH,
Reinbek bei Hamburg
Quellennachweise siehe Seite 155
Alle Rechte vorbehalten
Gesetzt aus der Garamond PostScript
QuarkXPress bei UNDER/COVER, Hamburg
Druck und Bindung Clausen & Bosse, Leck
Printed in Germany
ISBN 3 498 01322 x

Den Opfern des Anschlags

Inhalt

Toni Morrison
Die Toten des 11. September **11**

Paul Auster
Jetzt beginnt das 21. Jahrhundert
Wir alle wussten, dass dies geschehen
könnte. Nun ist es viel schlimmer **13**

Colum McCann
Die Schuhe
Wie meine Familie dem Unglück entging **16**

Laura Nolte
Der Skyline fehlt ein Stück **19**

Irene Dische
Als wir noch Kinder waren
Eine New Yorker Utopie – mitten in der Katastrophe **24**

Susan Sontag
Feige waren die Mörder nicht **33**

Louis Begley
Meine Angst – und wie mir die
New Yorker wieder Mut gemacht haben **36**

Stewart O'Nan
Man muss uns sagen, wer unsere Feinde sind
Der Himmel über dem Pentagon, die Zuschauer
zu Idioten geschrumpft: Von Washington
über New York nach Hartford, Connecticut 41

Martin Amis
Wir befinden uns noch im ersten Kreis 49

Naomi Bubis
Als wären wir selbst getroffen
In Israel nach dem «schwarzen Dienstag» 56

Ahdaf Soueif
Durch die Augen der Enteigneten 60

José Saramago
Im Namen Gottes ist das Schrecklichste erlaubt 65

Tahar Ben Jelloun
Trennt Religion und Politik! 70

Hans Joachim Schädlich
Islamistische Internationale 75

Peter Schneider
«Verschon mein Haus, zünd andere an»
Nur wer das Böse anerkennt, wird es auch bekämpfen 80

Richard Herzinger
Angriff auf das neue Babylon
Das antizivilisatorische Motiv des Terrors **87**

Wolfgang Schmidbauer
Amoklauf ins Paradies
Zum psychohistorischen Hintergrund
der Selbstmordattentate **97**

Bahman Nirumand
In welcher Welt wir leben **113**

Rolf Hochhuth
Nicht einmarschieren! **123**

Ulrich Wickert
Welche Werte verteidigen wir? **128**

Ralph Giordano
Wie gut, dass es Amerika gibt! **134**

Klaus Harpprecht
Sind wir alle Amerikaner? **145**

John Updike
Der Albtraum dauert an **150**

Editorische Notiz und Quellennachweis **155**

Toni Morrison

Die Toten des 11. September

Manche haben Gottes Worte anzubieten, andere Lieder des Trostes für die Hinterbliebenen. Ich möchte, wenn ich dazu den Mut aufbringe, direkt zu den Toten sprechen – zu den Septembertoten. Zu Kindern von Vorfahren, die auf jedem Kontinent des Planeten geboren wurden: in Asien, Europa, Afrika, Nord-, Mittel- und Südamerika; deren Vorfahren Kilts, Obis, Saris, Gelees trugen, Holzschuhe und ausladende Strohhüte, Jarmulkes, Ziegenleder, Federn und Tücher, um ihr Haar zu bedecken.

Doch ich wollte kein Wort sagen, bevor ich alles abtun konnte, was ich über Nationen, Krieg, Anführer, über die Regierten und die Unregierbaren weiß oder zu wissen glaube; jeden Verdacht, den ich in Hinblick auf Schutzpanzer und Innenwelt hege. Erst wollte ich meine Zunge schärfen und Sätze überwinden, die so gedrechselt sind, als kenne man das Böse – ob mutwillig oder zielgerichtet, ob explosiv oder leise und hinterhältig, ob aus Übersättigung oder Hunger geboren, aus Rache oder dem schlichten Drang, sich zu erheben, bevor man fällt. Ich wollte meine Sprache von der Übertreibung reinigen; vom Eifer, die Stufen des Bösen zu untersuchen, es zu bewerten, seinen Rang – höher oder niedriger als seinesgleichen – zu bestimmen.

Zu den Gebrochenen und den Toten zu sprechen ist allzu schwer für einen Mund voll Blut. Ein zu heiliger Akt für un-

Reprinted by permission; © 2001 Vanity Fair

reine Gedanken. Denn die Toten sind frei, sind absolut; sie sind durch Überrumpelung nicht zu verführen.

Um zu euch, den Septembertoten, zu sprechen, darf ich weder falsche Nähe vorschützen noch ein überhitztes, just für die Kamera betrübtes Herz. Ich muss beherrscht sein und klar, und stets wissen, dass ich nichts zu sagen habe – keine Worte, die stärker wären als der Stahl, der sich euch aufgepresst und euch sich anverwandelt hat; keine Schrift, die älter oder eleganter wäre als die uralten Atome, zu denen ihr geworden seid.

Und ich habe nichts zu geben – außer dieser Geste, diesem Faden, der zwischen eurem und meinem Menschsein gespannt ist: *Ich möchte euch in meinen Armen halten* und, wie eure Seele aus ihrer Fleischeshülse herausgesprengt wurde, den Geist der Ewigkeit verstehen, wie ihr ihn verstanden habt: seine Gabe entfesselter Erlösung, die das Dunkel seines Grabgeläuts zerreißt.

Deutsch von Angela Praesent

Toni Morrison, 1932 in Lorain, Ohio, geboren, wurde für ihr umfangreiches Romanwerk («Menschenkind», «Jazz», «Paradies») mit zahlreichen Preisen geehrt, unter anderem mit dem Pulitzerpreis. 1993 erhielt sie den Nobelpreis für Literatur.

Paul Auster

Jetzt beginnt das 21. Jahrhundert

Wir alle wussten, dass dies geschehen könnte.
Nun ist es viel schlimmer

11. September 2001, 16.00 Uhr: Unsere vierzehnjährige Tochter ist heute zu ihrem ersten Highschool-Tag aufgebrochen. Zum ersten Mal in ihrem Leben fuhr sie mit der U-Bahn von Brooklyn nach Manhattan – allein.

Sie wird heute Abend nicht nach Hause kommen; die Subway hat den Verkehr eingestellt. Meine Frau und ich haben dafür gesorgt, dass sie bei Freunden in der Upper Westside von New York übernachten kann. Weniger als eine Stunde nachdem sie tief unter dem World Trade Center Richtung Schule gefahren war, stürzten die beiden gigantischen Türme in sich zusammen.

Vom oberen Stockwerk unseres Hauses in Brooklyn sehen wir, über den East River hinweg, wie die Rauchwolken den Himmel über der City verdunkeln. Der Wind bläst in unsere Richtung, und der Geruch des Feuers durchdringt alle Zimmer. Es ist ein schrecklicher, beißender Geruch von brennenden Isolierschläuchen, von Kunststoff und Baumaterialien.

Die Schwester meiner Frau, die in Tribeca lebt, nur wenige Blocks nördlich jenes Ortes, an dem das World Trade Center stand, rief uns an und erzählte von schrecklichen Schreien auf der Straße, als der erste Turm niederstürzte. Andere Freunde, die in der John Street wohnen, noch näher am Ort der Katastrophe, erzählten uns, dass die Polizei sie aus ihrem Haus herausgeholt habe, nachdem eine Druckwelle ihre Haustür nach innen geschleudert hatte. Sie gingen Richtung Norden, durch Trümmer und Überreste menschlicher Körper.

Nachdem wir den ganzen Morgen vor dem Fernsehapparat gesessen hatten, verließen meine Frau und ich die Wohnung. Die Leute auf der Straße hielten sich Taschentücher vors Gesicht, andere trugen Schutzmasken wie Maler und Chirurgen.

Ich blieb stehen und redete mit dem Mann, der meine Haare schneidet. Er stand vor seinem leeren Laden und sah verzweifelt aus. Wenige Stunden vorher hatte seine Nachbarin, die nebenan ein Antiquitätengeschäft betreibt, mit ihrem Schwiegersohn telefoniert, der im 107. Stockwerk des World Trade Center in der Falle saß. Nur eine Stunde danach war der Turm in sich zusammengesunken.

Den ganzen Vormittag lang musste ich, während der Fernseher lief und ich den Rauch vor meinem Fenster vorbeitreiben sah, an meinen Freund denken, den Hochseilartisten Philippe Petit, der im August 1974 auf einem Drahtseil zwischen den beiden Türmen des World Trade Center balancierte, kurz nach dem Ende der Bauarbeiten. Ein kleiner Mann auf einem Seil, knapp einen halben Kilometer über dem Boden, ein Anblick unvergesslicher Schönheit.

Heute ist dies ein Ort des Todes geworden. Ich habe Angst davor, mir auszumalen, wie viele Menschen gestorben sind.

Wir alle wussten, dass dies geschehen könnte. Jahrelang haben wir davon gesprochen. Aber nun, da die Tragödie eingetreten ist, ist es viel schlimmer, als sich irgendjemand hätte vorstellen können.

Der letzte Angriff auf amerikanischem Boden hatte 1812 stattgefunden. Für das, was heute geschehen ist, haben wir kein Beispiel. Die Folgen dieses Angriffs werden zweifellos schrecklich sein. Noch mehr Gewalt, noch mehr Tote, mehr Schmerz für alle.

Jetzt erst hat das 21. Jahrhundert begonnen.

Deutsch von Michael Naumann

Der Schriftsteller Paul Auster («Smoke», «Timbuktu», «Mein New York») lebt gemeinsam mit seiner Frau, der Autorin Siri Hustvedt, in Brooklyn.

Colum McCann

Die Schuhe

Wie meine Familie dem Unglück entging

In Belfast wurde am letzten Donnerstag vor dem Rathaus eine dreiminütige Mahnwache abgehalten. Ein einziges Mal trauerte Belfast nicht um die eigenen Toten, sondern um jene, die Tausende von Kilometern entfernt ums Leben gekommen waren, in New York, der Stadt, in der ich lebe.

Ein Freund schrieb mir, dass eine überirdische Brise die Zweige der Bäume vor dem Rathaus bewegt habe. Die Flagge hielt still, als übe sie eine seltsame Solidarität, aber einige Blätter fielen von den Bäumen und sanken langsam auf die Köpfe der Menschen, die sich versammelt hatten. Das Schweigen hielt an. Dann wandten die Trauernden sich wieder ihrem Leben zu.

Der Schmerz lässt uns die extremen Seiten des Lebens erfahren. Aber ein Schmerz, den man wie sein Innerstes kennt, ist nicht unbedingt der tiefere Schmerz. Obwohl ich einen großen Teil meiner Jugend dicht an den politischen Kämpfen Nordirlands verbracht und später darüber geschrieben habe, um diese Konflikte zu verstehen, war ich doch nicht vorbereitet auf das, was in meiner Wahlheimat am 11. September geschehen ist.

Mein Schwiegervater war im 54. Stock des ersten Turms des World Trade Center. Wie durch ein Wunder konnte er entkommen, kurz bevor das Gebäude einstürzte. Er marschierte quer durch die Stadt und kam zu der Wohnung an der East

Side, wo meine Frau und ich mit unseren zwei Kindern leben. Bevor er eintrat, zog er seine Schuhe aus. Sie starrten vor Schmutz, Asche und Zement, nachdem er durch die Trümmerfluten gewatet war. Er sagte, er wolle diese Schuhe niemals wieder sehen, aber meine Frau erwiderte, sie wolle sie aufbewahren.

Die Schuhe stehen nun seit vielen Tagen unberührt vor unserer Tür. Sie erinnern genauso eindringlich an das Schreckliche wie der Rauch vom World Trade Center, der durch unsere Fenster hereinzieht. Sie klagen genauso eindringlich wie die Sirenen auf den Straßen, die immer noch entlang der First Avenue zu hören sind, als trauerten sie im Voraus.

Meine Tochter Isabella, sie ist fast fünf, will wissen, warum wir die Schuhe aufbewahren. Ich frage mich das auch, und die Frage beginnt mich zu verfolgen.

Im Juli des Jahres 1975 täuschte eine paramilitärische Gruppe in Nordirland eine Straßensperre vor und stoppte den Tournee-Bus einer Musikgruppe, die sich «Miami Showband» nannte. Die Terroristen schmuggelten eine Bombe in den Bus, die sie später zünden wollten, damit es so aussähe, als hätten die Musiker Sprengstoff an Bord gehabt. Der Sprengkörper explodierte aber zu früh, und zwei Mitglieder der Paramilitärs wurden getötet. Die anderen Attentäter gerieten daraufhin in Panik und erschossen in einem kaltblütigen Massaker drei der unschuldigen Musiker.

Ich war damals zehn Jahre alt und fragte meinen Vater, was geschehen sei. Er zögerte zunächst und gab mir dann auf Umwegen eine Antwort. Er sagte, man würde all diejenigen, die Bomben werfen, töten, verstümmeln, teeren und federn, in einer abgelegenen Ecke Nordirlands zusammentreiben. Dann würde man ein riesiges Messer nehmen, dieses Stück Land abtrennen und es ein Stück aufs Meer hinaustreiben lassen, wo diese Leute dann machen könnten, was sie wollten, und uns in Ruhe lassen würden.

Mein Vater wusste natürlich, dass die Dinge nicht so simpel waren und dass nicht einmal das Vereinfachen selbst so einfach war, aber die Erinnerung an seine Worte hat mich nicht verlassen und ist in dieser Woche zurückgekehrt. Es gibt keine Antworten auf all die Fragen, die meine Tochter mir stellt – nicht einmal eine Antwort auf die Frage, was wir mit den Schuhen tun sollen. Ich habe mit meiner Frau darüber gesprochen, und in meiner zynischen Art – oder vielleicht auch aufgrund der Erfahrungen meiner Jugend – unterstellte ich ihr, sie würde die Schuhe behalten, weil sie nun leer waren, weil niemals wieder Füße ihn ihnen stecken würden.

Als wir später am Abend noch einmal darüber sprachen, antwortete sie, die Sache habe vielleicht wirklich etwas mit leeren Räumen zu tun. Wahrscheinlicher sei allerdings, dass sie die Schuhe aus dem einfachen Grund aufbewahrte, weil ihr Vater in ihnen der Katastrophe entkommen war.

Aus dem Englischen von Julika Griem

Der Schriftsteller Colum McCann, 1965 in Nordirland geboren, schreibt Romane und Short Storys. In diesem Jahr erschien «Wie alles in diesem Land», ein Band mit Erzählungen.

Laura Nolte

Der Skyline fehlt ein Stück

Beginnt wirklich erst die zweite Stunde? Habe ich alle Hausaufgaben gemacht? Treffe ich nach der Schule meine Freunde? Ganz alltägliche Gedanken gehen mir durch den Kopf.

«He, Laura, hast du gehört?» Aufgeregt erzählt mir ein Klassenkamerad, dass zwei Flugzeuge ins World Trade Center gekracht sind. Ich glaube ihm nicht. Er schildert Einzelheiten. Ich höre ihm zu und sage nichts. Ich gehe zum Geschichtsunterricht, setze mich und warte. Alle reden durcheinander. Viele Fragen, unsichere Antworten. Der Lehrer kommt. Mr. Jakobs beginnt uns zu erklären, was geschehen ist. Seine Worte kommen mir seltsam geschliffen vor, seine Miene könnte nicht regloser sein, seine Gesten wollen uns hypnotisieren. Ich presse meine Hände vor den Mund. Ich muss mich zum Atmen zwingen. Kein Gedanke an Unterricht. Stattdessen wird das Radio angestellt. Mädchen werden hysterisch, die Jungen sind still und nachdenklich. Ich kämpfe mit den Tränen.

Mitschüler haben Brüder und Schwestern, Cousins und Cousinen, die in der Nähe des Unglücksortes zur Schule gehen. Einige Eltern arbeiten nicht weit davon. Schüler brechen Diskussionen vom Zaun und sagen, dass sie gehen wollen. Die Lehrer sagen ruhig und ernst, dass wir jetzt nicht gehen können. Ein paar Minuten später darf ein Schüler nach dem anderen doch das Klassenzimmer verlassen, um seine Eltern anzurufen. Die Stimmen aus dem Radio geben der Situation eine schaurige Wirklichkeit. Nur mit dem Wort Abscheu lässt sich die Mischung aus Wut, Trauer und Grauen beschreiben, mit der ich kämpfe. Ich habe einen Kloß im Hals, den ich nicht herunterschlucken kann. Ich fühle mich taub und habe das Bedürfnis, vor mir selbst zu flüchten. Erst viel später wird mir klar, dass ich keine Angst gehabt habe.

Maßnahmen erinnern uns daran, dass das Ganze kein Spiel ist. Wir dürfen nicht zur dritten Stunde gehen, wir dürfen das Schulgelände nicht zum Lunch verlassen, Mitschüler werden hinausgerufen, weil ihre Eltern sie abholen. Dennoch funktionieren die Dinge mit erstaunlicher Selbstverständlichkeit. Später höre ich, dass es in großen Schulen anders gelaufen ist. Schulen mit mehr als 3000 Schülern sind außer Kontrolle geraten. «Chaos», sagt mir ein Freund. In der nächsten Stunde geht es wieder um den Anschlag. Als unser Kurs nach unten zum Lunch gerufen wird, begegne ich ein paar guten Freunden. Für einen Augenblick scheint alles wie immer zu sein. Was gesagt wird, kann ich weniger begreifen als das, was ich sehe.

Die Französischlehrerin gibt Unterricht. Dann sollen wir uns auf Französisch über das Attentat unterhalten. Also sagen wir auf Französisch, was wir gehört haben. Es klingt, als sprächen wir über ein anderes Land. So etwas kann hier nicht passieren. Wir warten und diskutieren. Wir werden immer ungeduldiger. Ein Junge bringt einen harmlosen, aber überflüssigen Spruch. Der Lehrer schreit los und macht ihm die Lage klar: «Menschen sterben, Familienangehörige sterben, und du lachst? Du solltest nur eins tun, dir sagen, dass du verdammt viel Glück gehabt hast.»

Einer nach dem andern wird in die Mensa geholt. Man teilt uns in Gruppen ein. Die Schüler, die in Manhattan leben oder, wie die Lehrer sagen, «zu Fuß nach Hause laufen» können, dürfen gehen. Das gilt auch für mich. Wer in einem anderen Stadtteil lebt, kommt nicht so leicht aus der Schule.

Als ich gehen darf, treffe ich meine gute Freundin Sardae. Wir haben Glück und ergattern ein Taxi, das uns downtown fährt. Während wir durch die Straßen fahren, die wir kennen und die unser Zuhause sind, wird uns mehr als bewusst, dass dies kein gewöhnlicher Tag ist. Die Geschäfte sind geschlossen, das Radio läuft unaufhörlich, über die Leuchttafeln am Times Square fließen die Informationen, jeder Zweite hat ein Handy am Ohr, Menschen sitzen auf dem Bürgersteig, weil sie nicht weiterkommen. Wir können nicht fassen, was wir sehen. Dass wir lächeln und lachen können, zeigt mir nachher, wie wenig wir begriffen haben. Ich komme zu Hause an, und meine Mom sagt mir, dass sie gesehen hat, wie das zweite Flugzeug in den Turm gestürzt ist. Sie hat angefangen zu zittern und konnte sich nicht gegen ihre Tränen wehren.

Familie und Freunde rufen an, um zu fragen, ob alles in Ordnung ist. Bei uns schon, aber das ist die Ausnahme. Meine Freundin Michelle ruft an und sagt, das Flugzeug sei um neun Uhr ins 86. Stockwerk des südlichen Turms gekracht. Ihr Vater habe im 86. Stock des Südturms um neun Uhr einen Termin gehabt. Er habe aber seine Aktentasche vergessen. Deswegen sei er wieder nach Hause gefahren. Dort habe er gehört, dass sich die größte Tragödie in der amerikanischen Geschichte an der Stelle ereignete, wo er erwartet worden sei.

Ich gehe an diesem Abend zu einer Freundin. Bei ihr übernachten drei Freunde, die in anderen Stadtteilen wohnen und nicht nach Hause gekommen sind. Wir benehmen uns wie immer, aber unausgesprochen haben wir dieselben Gefühle.

Eltern rufen an, um mit ihrer Tochter zu sprechen. Ihre erste Frage: «Ihr hört Musik?» Wir fragen zurück: «Was sollen wir tun?» Wir wollen nicht dasitzen und über die Geschichte grübeln. Wir wollen sie nicht für wirklich halten. Ganz bestimmt wollen wir nicht den Tatsachen ins Auge blicken. Zu viert sitzen wir die ganze Nacht auf dem Dach und beobachten, wie der Wind Trümmerteile und Asche zur Eastside treibt. Der Skyline, die ich so gut kannte, fehlt ein Stück. Ich spüre es.

Jetzt sitze ich hier am Tag nach dem Attentat, es ist schon 11.30 Uhr in der Nacht. Ich habe wieder den Fernseher angestellt, um zu hören, ob es Neues gibt. Sie schätzen die Zahl der Toten auf 20 000. Weitere Bomben sollen im Empire State Building und unter der George-Washington-Brücke gefunden worden sein. Die Menschen trauern und beten, dass sich ihre Angehörigen melden. Alle paar Minuten wird wiederholt, wie das Flugzeug ins World Trade Center kracht, wie die Türme zusammenstürzen. Die Wiederholung gräbt mir das Bild ins Gedächtnis. Trotzdem will ich es noch immer nicht glauben. Die Stadt ist mein Zuhause. Sie wird zerstört. Ich sitze hier in unserer Wohnung mit Blick auf die unzerstörte nördliche Stadt. Ich habe meine Mutter, meine Freunde, während andere trauern.

Jeder erzählt seine eigene Geschichte über das Attentat. Es ist eine so große Sache. Viel extremer, als die meisten begreifen. Hollywood hat viele unglaubliche Bilder geschaffen; das Fernsehen kann mich kaum noch beeindrucken. Nichts konnte mir deutlicher machen, was geschehen ist, als auf dem Dach meiner Freundin auf den leeren Raum zu starren, den der Rauch verhüllt.

Als ich jetzt Nachrichten sehe, sehe, wie New York, das Herz der Welt, zum Stillstand gekommen ist, spüre ich endlich Angst. So eine extreme Anstrengung, von wem auch immer, der Hass, so was zu tun, ist nicht zu schlagen. Das alles wird nicht in einer Woche vorüber sein, nicht in einem Monat oder in einem Jahr. Die Verletzung bleibt. Ich werde immer wieder darüber reden. Ich werde lange brauchen, um den Tag, an dem

Amerika angegriffen wurde, zu bewältigen. Abscheu emp-
finde ich gegen die Menschen und Enttäuschung über sie. Seit
gestern brauche ich nur drei Worte, um zu erklären, warum:
World Trade Center.

*Laura Nolte (15), gebürtige Schweizerin, lebt in der 14. Straße in
Manhattan und geht in die Beacon-Highschool.*

Irene Dische

Als wir noch Kinder waren

Eine New Yorker Utopie –
mitten in der Katastrophe

Ich war noch nicht im *kindergarden*, in den späten fünfziger
Jahren, als mich mein illegal eingereistes bayerisches Kindermädchen über die Amerikaner belehrte: «Sie sind alle wie
Kinder», sagte sie. Ihr Ton klang höhnisch. Später kam es mir
wie ein Kompliment vor. Kinder sind verspielt, neugierig, un-
gezogen, energisch, streitbar und voller Hoffnungen. Allerlei
umständlicher formulierte Einsichten über die «kindlichen
Amerikaner» habe ich später von Leuten gehört, die sich als
unabhängige Denker verstanden und die natürlich dasselbe
meinten wie mein Kindermädchen in Manhattan: «Unbedacht,
verwöhnt, habgierig, einfältig.» Letzte Woche glaubten sie sogar, dass es genau dieser nationale Charakterzug gewesen sei,
der Amerikas Außenpolitik präge und den Zorn der Selbst-
mordpiloten aus der Dritten Welt provoziert habe.

Das alles ging mir in einem schreienden inneren Dialog
durch den Kopf, als ich am vergangenen Dienstag zitternd vor
Furcht in einem Autostau in Nordmanhattan steckte, nichts
bewegte sich mehr, ewiger Verkehrsstillstand, während vor mir
die babylonischen Doppeltürme in Feuer und Asche versan-
ken: Irgendjemand wollte uns eine Lektion erteilen. Und natürlich fiel die Wahl auf New York.

Ich habe meine Heimatstadt nie gemocht. Während ich
in Manhattan aufwuchs, kam mir New York wie eine außer-

ordentlich schöne Frau vor, übermäßig geschminkt, in einer Wolke aus Parfüm. An ihr war nichts Sanftes, Natürliches oder gar Mädchenhaftes. Hin und wieder knallte ein missbilligender Fremder der Angeberin eine Ohrfeige. Sie nahm's hin und stöckelte weiter. In den fünfziger Jahren versteckte ein moralisch erregter Attentäter Rohrbomben unter U-Bahn-Sitzen und sprengte New Yorker in die Luft, die ganz zufällig den falschen Platz gewählt hatten. Wer die Subway nahm, spielte Russisches Roulette. Später verkündete Castros Bruder seinen Plan: Wenn ihm eine gute Fee drei Wünsche gestatten sollte, dann würde er erstens: eine Atombombe auf Manhattan werfen, zweitens: noch eine und drittens: noch eine. Wir mussten damals im *kindergarden* Atomschutzübungen absolvieren; wenn um 12 Uhr die Sirenen heulten, dachte ich, jetzt fallen die Bomben, weil ich noch keine Uhr lesen konnte.

Verletzlichkeit und Eitelkeit waren Charakterzüge New Yorks. Später wurden sich die Bürger selbst zum Feind. Die jährliche Mordrate stieg höher und höher. Im Mittelstand setzte sich eine maßlose Aufstiegssucht durch, in den Augen der Broker, Anwälte, der Journalisten und Immobilienhändler, der Künstler und Kritiker brannte ein Feuer aus Ehrgeiz und Selbstzufriedenheit. Weiter unten stapften die Ärmeren voran, als hätten auch sie eine Chance. Lady Manhattan schien von Krise zu Krise zu taumeln, und doch wurde sie immer schicker. Totaler Stromausfall, Wassermangel, und schließlich färbte sich an einem Karfreitag in den Sechzigern der Himmel über der Stadt in ein dunkles Braun, und die Leute riefen: «Gott bestraft Manhattan!» – ein Tornado. Als die Verbrechen kaum noch zu zählen waren, baute die City ihr World Trade Center, zwei stilettospitze Schuhstöckel – jetzt sah sie noch größer aus.

Der Horror dieser Tage ließ New York stolpern, aber nicht

auf die Knie sinken. Im Gegenteil, er erhob das ganze Land. Als die Passagiere im gekaperten Flugzeug der United Airways, das in Newark gestartet war, über ihre Handys vom Schicksal des World Trade Center gehört hatten, trafen sie eine Entscheidung im amerikanischen Stil: Während der Pilot über Pennsylvania Richtung Washington, D. C., wendete, stimmten sie darüber ab, ob sie lieber als Teile einer bemannten Bombe sterben oder ob sie das Cockpit stürmen und in einem normalen Crash zu Tode kommen wollten. Selten hat ein demokratisches Verfahren einem nobleren Anliegen gedient.

Die New Yorker Katastrophe hat die schönsten Eigenschaften der Bürger geweckt. Plötzlich benahm sich jeder tapfer, und alte Ideale vom «Guten» lebten wieder auf, von denen man geglaubt hatte, sie seien längst dem gehetzten städtischen Überlebenskampf zum Opfer gefallen. Sogar der Bürgermeister übertraf sich selbst. Die Liberalen hassten Giuliani wegen seines Liebesverhältnisses mit der Polizei; insgeheim liebten sie ihn natürlich auch, weil seine Law-and-Order-Politik das Leben in New York sicherer gemacht hatte. Er ist ein konservativer Republikaner, sieht aus wie Lehrer Lämpel von Wilhelm Busch, seine Amtszeit läuft aus, er hat Krebs, seine Ehe zerbröselt in aller Öffentlichkeit, seine Chancen auf einen neuen politischen Posten sind dahin. Am Ort des Desasters erschien er wenige Minuten später, sah, wie die Türme fielen, zwei seiner Freunde kamen in den Trümmern um. Da stand er am Tatort, völlig verstaubt und voller Furcht. Und doch jammerte er nicht wie Senator Schumer, stotterte und tränte nicht wie Präsident Bush, der einem Reh im Scheinwerferlicht glich, als ihm vor laufenden Kameras die böse Nachricht überbracht wurde, noch tremolierte seine Stimme gleich derjenigen von Senatorin Hillary Clinton, die sich in ihre Gefühle rettete wie in einen Bunker.

Giuliani erwähnte auch nicht seine Kinder (Schumer, Bush, Clinton), stattdessen sprach er streng und vernünftig zu seinen Bürgern. Auch in den Tagen nach der Katastrophe blieb er nüchtern. Als 24 Stunden nach dem Angriff eine pakistanische Frau von einem Idioten attackiert wurde, hörte man Giuliani im Radio: Diese Rüpelei sei «böse», «dafür kommst du ins Gefängnis». Jemand sammelte in betrügerischer Absicht Spendengeld – «dafür kommst du ins Gefängnis». Falsche Bombendrohungen: «Gefängnis». Und kein einziges Mal erwähnte Giuliani «Gott» oder «Amerika» (Bush, Schumer, Clinton). Ihn kümmerte nur New York. Weiß Gott, der Mann hatte allen persönlichen Ehrgeiz abgelegt, ihn bewegten Mitleid und Sorge. Helfer strömten von allen Seiten herbei: aus der Stadt, aus den umliegenden Staaten. Die Reinigungskolonnen arbeiteten ihre üblichen acht Stunden und hängten sieben Stunden dran. Ein Organisationszentrum wurde nicht benötigt, die New Yorker organisierten sich selbst. Der Tierschutz kümmerte sich um die Haustiere, die in der *war zone* zurückgelassen werden mussten. Ihre Besitzer hatten 300 Sekunden Zeit, die Treppen hochzulaufen, die Tiere zu holen und sie einem Veterinär vorzuführen, der sie kostenlos untersuchte. Viele litten wegen des Staubs an Atemnot. Die städtischen Gärtner sammelten den Müll ein, während die Müllmänner im Ruinenfeld arbeiteten. Bauarbeiter kamen aus ganz Amerika angereist. Schweißer, Eisenarbeiter, Feuerwehrmänner – sie alle kamen, schliefen kaum, und niemand klagte.

Amerikaner sind keine guten Jammerer. Sie nehmen den Wechsel ihrer Lebensumstände hin, Sicherheit ist ihnen ziemlich egal. Der durchschnittliche Deutsche geht einem einzigen Beruf im Leben nach; in Amerika sind es fast sieben Jobs pro Lebenszeit. Kürzlich lernte ich einen Arzt kennen, der 25 Jahre lang Polizist war, dann lernte er Spanisch, um in Mexiko zu studieren, und bestand zuletzt seine New Yorker Medizinexamen mit Auszeichnung. Bei einem Umzug half mir ein Möbelpacker, der zugleich Lektor beim renommiertesten New Yorker Verlag ist, Farrar Straus & Giroux. Körperliche Arbeit, sagt er, sei ein gesunder Ausgleich. Als zusätzliche Straßenfeger benötigt wurden, erschienen Tausende New Yorker, die noch nie eine Straße gereinigt hatten, im Gegenteil. Sie wollten keinen Lohn, nur eine Mahlzeit. Anwohner gaben ihnen Sandwiches oder Kleidung. Eine Zeit lang war Freundlichkeit die einzige New Yorker Währung. Die kindlichen Tugenden hatten die Macht ergriffen. Ganz kurz, vom 11. September 2001 an, war New York eine Utopie.

Dann übernahmen die Medien und die Politiker wieder die Herrschaft. Denn kindlich sind die Mächte hinter Big Money und den Kirchen keinesfalls. Kindlich war auch Präsident Clinton nicht, als er das Bombardement einer Arzneimittelfabrik im Sudan anordnete, weil er irrtümlich glaubte, sie wäre eine chemische Waffenfabrik bin Ladens. Es war aber die einzige pharmazeutische Produktionsstätte von bitter benötigten Medikamenten. Die Medien unterstützten damals Clinton, und dabei blieb es. Krieg ist ein Interesse der oberen Schichten. Der «Horror von New York» erweist sich als interessante Gelegenheit, wenn auch viele New Yorker, unterstützt vom mäßigenden Tonfall der New York Times und Giulianis, anderer Meinung waren.

Doch Meinungen ändern sich, wenn die Heuchelei über das Land wie ein Sturm fegt, wenn die Fahne flattert und alle Fragen im Heulen des Windes verstummen. Im letzten Jahrzehnt, wenn nicht schon früher, hatten die Stimmen der amerikanischen Selbstkritik Kraft verloren. Die Gespräche unter Intellektuellen wurden immer höflicher, als herrschte eine Art

Selbstzensur. «Halt dich zurück», warnen mich meine Freunde. Während jedermann Clintons Liebschaften monierte, redete keiner über seine Bomben. Seine Art des präsidialen Gebets in der Kirche störte niemand mehr. Das Gebet ist Teil des nationalen Diskurses geworden. Als ein Teenager vor ein paar Jahren mehrere Schulkameraden und Lehrer mit einer Schnellfeuerwaffe aus dem Mail-Order-Katalog niedermähte, sprach Clinton zur Nation und zu den Eltern: «Alle Amerikaner beten heute Nacht für sie.» In derselben Nacht fragte ich einen Freund, einen progressiven schwulen Theaterdirektor, ob ich noch Amerikanerin bleiben dürfe, wenn ich nicht bete, und er antwortete: «Ich verstehe dich nicht. Ich bete gerade.» Ich sagte nichts mehr.

Nach einigen Krisentagen unterbrachen alle Fernsehkanäle ihre Programme mit den Endlosschleifen der explodierenden New Yorker Türme, und Billy Graham trat auf, der unsterbliche «Innere Missionar» des Landes, live aus der Kathedrale der amerikanischen Hauptstadt. Seine Millionengemeinde überraschte er mit der Mitteilung, dass die Opfer der Terroristen, vor die Wahl gestellt, auf die Erde zurückzukehren oder nicht, lieber im Paradies blieben. Niemandem fiel auf, dass die Terroristen das auch gedacht haben müssen. «Ja, ja», murmeln die grau gewordenen Linken von New York, wenn man sie auf diese Parallele anspricht. Dann wechseln sie schnell das Thema. Sie können ja nichts tun. Vielleicht sind die Medien nur eine gut geschmierte Propagandamaschine, die sich jetzt für Bush und die religiöse Rechte stark macht. Das Fernsehen benötigte keine Beweise für den Versuch, die Attentäter von New York und Washington mit irgendeiner Nation in Verbindung zu bringen. «Amerika im Krieg» heißt die nationale Show und damit auch die nationale Erfahrung.

Der Ruf nach Vergeltung stammt nicht aus New York,

sondern aus den Fernsehstudios. Widerspruch war nicht erwünscht. Aber manchmal rutschte er eben doch ins Programm. Zum Beispiel in ein haarsträubendes Interview der Fernsehikone Barbara Walters. Hinter perfekt geschminkter Mitleidsmaske fragte die Journalistin die schnell ausfindig gemachten Trauernden, was sie jetzt fühlten, unter ihnen eine Frau, die «ihr Liebstes», ihren Mann, verloren hatte. Sie alle weinten, hielten Fotografien der Opfer hoch, Verlobte, Freunde, Brüder, und sie flehten die Zuschauer an, beim Suchen zu helfen. Die Kamera verwandelte sich in einen Voyeur.

Bis jene Frau ins Bild kam, deren Mann Sommelier im Windows on the World gewesen war, dem Restaurant in der höchsten Etage des Turms, der als Erster fiel. Die junge Frau war traurig, aber gefasst, und sie sagte Mrs. Walters, sie wisse, dass ihr Mann tot sei, und hege keine Hoffnung, ihn je wieder zu sehen. Doch sie sei sich auch gewiss, dass ihr Mann eine Botschaft an das amerikanische Volk hätte. «Was für eine?», fragte Mrs. Walters, gespannt auf einen emotionalen Höhepunkt. Die Witwe blickte direkt in die Kamera und sagte: «Er würde jede Rache ablehnen. Keine Vergeltung. Keine Rache. Er würde mit den Tätern sprechen wollen. Sein Tod kann nicht rückgängig gemacht werden, indem wir das Blut anderer Menschen vergießen.» Mrs. Walters war tief schockiert. «Wie meinen Sie», stotterte sie, «glauben Sie, dass wir unsere andere Wange hinhalten sollen?» (War das nicht eine alte christliche Idee?) Die junge Witwe wollte nicht streiten, sondern wiederholte ihren Standpunkt: «Ich weiß, dass er daran glaubte, ein Gespräch sei fruchtbarer als Gewalt. Wir sollten versuchen, eine Wiederholung dieses Verbrechens zu verhindern, indem wir mit denen, die uns hassen, zu einem gemeinsamen Verständnis kommen.»

Unter all den Wiederholungen auf den Kanälen tauchte dieses Interview nicht mehr auf. Stattdessen sehen wir Amerikaner, die Flaggen kaufen, die Vergeltung fordern, Rache und Gottes Segen. Eine Zeit lang hatte das alles nichts mit New York zu tun.

Fünf Tage nach dem Attentat hatte ich in der Stadt nicht mehr als drei Flaggen gesehen, eine am Fenster einer Sozialbauwohnung, die andere an der Antenne eines Zuhälterautos und die dritte im Eingang eines koreanischen Waschsalons. Den Besitzer kenne ich, er ist ein illegaler Einwanderer. Ein Müllmann, übermüdet, rote Augen, der zwei Nächte lang nicht geschlafen hatte und über dessen Bierbauch sich ein völlig verdrecktes Hemd spannte, fasste die Meinung seiner Kollegen zusammen: «Wenn wir nachweisen können, dass ein Land verantwortlich war, und zwar jenseits aller Zweifel, wenn es überhaupt bewiesen werden kann, na, dann gehen wir da rein, hauen unsere Fahne in die Erde und sagen: «Das Land gehört jetzt uns. Das habt ihr davon. Das macht ihr nie wieder.» Er schaute mich triumphierend an, als wäre er schon da. Aber dann sagte er: «Wenn wir's beweisen können.»

Es gibt andere Akteure im New Yorker Drama, nicht ganz so wichtig wie die Bauarbeiter, Schweißer und Müllmänner. Da ist zum Beispiel der Chefpathologe von New York, Dr. Hirsch, der sich Sorgen um seine Zuständigkeit macht. Er will seinen großen «Fall» nicht verlieren. Gouverneur Pataki hatte Zweifel geäußert, ob das kleine Büro des Dr. Hirsch denn mit der Katastrophe fertig werden könnte. Da bestellte der Pathologe 11 000 Leichensäcke und 11 000 Todesurkunden und sagte, er benötige keine Hilfe. Aber die Säcke sind nutzlos, weil es kaum Leichen gibt, die übrig geblieben sind. Die wenigen identifizierbaren fand man kurz nach dem Angriff. Der Rest ist ein Puzzle. Zurzeit befehligt Dr. Hirsch eine Truppe von Müllmännern, die lernen, Fleisch zu identifizieren. Die Suchhunde sind völlig verwirrt. Ihre Nasen sind vom Ruinenstaub verstopft. Also konzentrieren sich die Müllmänner auf erkennbare Dinge, Zähne, Finger und dergleichen. Die Spezialisten sagen, dass Dr. Hirsch und seine Männer bis Weihnachten suchen müssen, ehe sie auch nur die Hälfte der Opfer gefunden haben.

Die Familien werden die Trauerarbeit nicht abschließen können, die Toten so schnell nicht aus der Öffentlichkeit verschwinden.

Knapp eine Woche danach haben die Zeitungen zwei Lager gebildet. Die meisten berichten, dass die Nation einen Krieg will, und nur sehr wenige, darunter die *New York Times,* argumentierten standhaft, dass ein Krieg keines der anstehenden Probleme lösen kann. Die Presse hat sich scheint's mit Bush abgefunden, macht sich nicht länger über ihn lustig, kritisiert ihn nicht mehr. Ehemalige Präsidenten und Oppositionspolitiker haben ihm ihr Vertrauen erklärt. Ein altbekanntes Muster, siehe Deutschland im Jahr 1933. Seit Bush den «Ground Zero» besucht hat, ist die Stimmung in New York umgeschlagen. In den vergangenen 24 Stunden gab es trotz der Drohungen Giulianis zahlreiche Belästigungen von Arabern. Und amerikanische Fahnen, zum Zählen zu viele, sind wie helle Pilze überall in Manhattan hervorgeschossen.

Aus dem Englischen von Michael Naumann

Die Schriftstellerin Irene Dische lebt in New York und Berlin. Zuletzt hat sie den Kriminalroman «Ein Job» veröffentlicht.

Susan Sontag

Feige waren die Mörder nicht

Als entsetzter und trauriger Amerikanerin und New Yorkerin scheint es mir, als sei Amerika niemals weiter von der Wirklichkeit entfernt gewesen als am letzten Dienstag, dem Tag, an dem ein Übermaß an Wirklichkeit auf uns einstürzte. Das Missverhältnis zwischen den Ereignissen und der Art und Weise, wie sie aufgenommen und verarbeitet wurden, auf der einen Seite und dem selbstgerechten Blödsinn und den dreisten Täuschungen praktisch aller Politiker (mit Ausnahme von Bürgermeister Giuliani) und Fernsehkommentatoren (ausgenommen Peter Jennings) auf der anderen Seite, ist alarmierend und deprimierend. Die Stimmen, die zuständig sind, wenn es gilt, ein solches Ereignis zu kommentieren, schienen sich zu einer Kampagne verschworen zu haben. Ihr Ziel: die Öffentlichkeit noch mehr zu verdummen.

Wo ist das Eingeständnis, dass es sich nicht um einen «feigen» Angriff auf die «Zivilisation», die «Freiheit», die «Menschlichkeit» oder die «freie Welt» gehandelt hat, sondern um einen Angriff auf die Vereinigten Staaten, die einzige selbsternannte Supermacht der Welt; um einen Angriff, der als Konsequenz der Politik, Interessen und Handlungen der Vereinigten Staaten unternommen wurde? Wie vielen Amerikanern ist bewusst, dass die Amerikaner immer noch Bomben auf den Irak werfen? Und wenn man das Wort «feige» in den Mund nimmt, dann sollte es besser auf jene angewandt werden, die Vergeltungsschläge aus dem Himmel ausführen, und nicht auf jene, die bereit sind, selbst zu sterben, um andere zu töten.

Wenn wir von Mut sprechen, der einzigen moralisch neutralen Tugend, dann kann man den Attentätern – was immer sonst auch über sie zu sagen wäre – eines nicht vorwerfen: dass sie Feiglinge seien.

Unsere politische Führung redet uns entschlossen ein, alles sei in Ordnung. Amerika fürchtet sich nicht. Unser Geist ist ungebrochen. «Sie» werden aufgespürt und bestraft werden (wer immer «sie» sind). Wir haben einen Präsidenten, der uns wie ein Roboter immer wieder versichert, dass Amerika nach wie vor aufrecht steht. Von vielen Personen des öffentlichen Lebens, die die Außenpolitik der Regierung Bush noch vor kurzem heftig kritisiert haben, ist jetzt nur noch eines zu hören: dass sie, gemeinsam mit dem gesamten amerikanischen Volk, vereint und furchtlos hinter dem Präsidenten stehen. Die Kommentatoren berichten, dass man sich in psychologischen Zentren um die Trauernden kümmert. Natürlich werden uns keine grässlichen Bilder davon gezeigt, was den Menschen zugestoßen ist, die im World Trade Center gearbeitet haben. Solche Bilder könnten uns ja entmutigen. Erst zwei Tage später, am Donnerstag (auch hier bildete Bürgermeister Giuliani wieder eine Ausnahme), wurden erste öffentliche Schätzungen über die Zahl der Opfer gewagt.

Es ist uns gesagt worden, dass alles in Ordnung ist oder zumindest wieder in Ordnung kommen wird, obwohl der Dienstag als Tag der Niedertracht in die Geschichte eingehen wird und Amerika sich nun im Krieg befindet. Nichts ist in Ordnung. Und nichts hat dieses Ereignis mit Pearl Harbor gemein. Es wird sehr gründlich nachgedacht werden müssen – und vielleicht hat man ja damit in Washington und anderswo schon begonnen – über das kolossale Versagen der amerikanischen Geheimdienste, die Zukunft der amerikanischen Politik, besonders im Nahen Osten, und über vernünftige militärische

Verteidigungsprogramme für dieses Land. Es ist aber klar zu erkennen, dass unsere Führer – jene, die im Amt sind; jene, die ein Amt begehren; jene, die einmal im Amt waren – sich mit der willfährigen Unterstützung der Medien dazu entschlossen haben, der Öffentlichkeit nicht zu viel Wirklichkeit zuzumuten. Früher haben wir die einstimmig beklatschten und selbstgerechten Plattitüden sowjetischer Parteitage verachtet. Die Einstimmigkeit der frömmlerischen, realitätsverzerrenden Rhetorik fast aller Politiker und Kommentatoren in den Medien in diesen letzten Tagen ist einer Demokratie unwürdig.

Unsere politischen Häupter haben uns auch wissen lassen, dass sie ihre Aufgabe als Auftrag zur Manipulation begreifen: Vertrauensbildung und Management von Trauer und Leid. Politik, die Politik einer Demokratie – die Uneinigkeit und Widerspruch zur Folge hat und Offenheit fördert, ist durch Psychotherapie abgelöst worden. Lasst uns gemeinsam trauern. Aber lasst nicht zu, dass wir uns gemeinsam der Dummheit ergeben. Ein Körnchen historischen Bewusstseins könnte uns dabei helfen, das Geschehene und das Kommende zu verstehen. «Unser Land ist stark», wird uns wieder und wieder gesagt. Ich finde dies nicht unbedingt tröstlich. Wer könnte bezweifeln, dass Amerika stark ist? Aber Stärke ist nicht alles, was Amerika jetzt zeigen muss.

Aus dem Englischen von Julika Griem

Die amerikanische Schriftstellerin Susan Sontag, Jahrgang 1933, wurde durch ihre Essaysammlung «Against Interpretation» (1966) bekannt. Im vergangenen Jahr erschien ihr Roman «In America».

Louis Begley

Meine Angst – und wie mir die New Yorker wieder Mut gemacht haben

Am Dienstagnachmittag bekam ich eine E-Mail von der *Frankfurter Allgemeinen Zeitung*, in der man sich eindringlich danach erkundigte, ob meine Familie und ich wohlauf seien. In dieser Hinsicht konnte ich den Absender beruhigen. Aber das Schreiben enthielt auch die Frage, ob ich über das schreiben wolle, was kurz zuvor geschehen war, also über den Einsturz der beiden Türme des World Trade Center, den ich unmittelbar hätte verfolgen können, wenn ich aus meinem Büro im 46. Stock eines Hauses an der Third Avenue, Ecke 56. Straße nach Süden gesehen hätte; über den Angriff auf das Pentagon, von dem ich, weil ich weder Radio noch Fernsehen in meinem Büro habe und keine Verbindung zu einem der amerikanischen Internet-Nachrichtenkanäle herstellten konnte, erst auf der Internetseite der Madrider Tageszeitung *El Mundo* erfuhr; und schließlich über das, was mir das Erschreckendste in all dem Schrecken zu sein schien – die Tatsache, dass als Angriffswaffen drei entführte Verkehrsflugzeuge mit all ihren Passagieren an Bord gedient hatten. Ich könnte nicht sagen, warum – aber ich spürte und spüre noch immer das Entsetzen der Passagiere, der Besatzung so, als wäre es mein eigener Albtraum, aus dem ich nicht erwachen kann.

Meine Antwort auf die Anfrage kam prompt und unüberlegt. Ich schrieb, ich könnte nichts beitragen, weil ich über dieses neueste Glied in einer langen Kette von Gräueln und Massakern, die das Antlitz der Erde im Laufe meines Lebens entstellt haben, nichts Neues und nichts besonders Kluges sagen könnte. Doch dann, ein paar Stunden später, verließ ich mein Büro und ging die Park Avenue hinauf nach Hause. An diesem sonnigen Nachmittag herrschte in meinem Stadtteil eine Atmosphäre wie an einem Sonntag im Spätsommer – wäre da nicht die zwei oder drei Blocks lange Schlange vor dem Lenox Hill Hospital gewesen, lauter Leute, die Blut spenden wollten. Die Straßen waren so leer wie sonst nur am Sonntag. Viele Väter waren mit ihren Kindern unterwegs, schoben Kinderwagen vor sich her. Und dann überlegte ich es mir anders. Der Grund waren die vielen New Yorker vor dem Krankenhaus.

Menschen aus allen Schichten, junge und alte, einfach gekleidet oder elegant, warteten ruhig, gleichmütig, völlig unerschüttert darauf, ihre Pflicht als Menschen und Mitbürger zu tun. Manche hatten in weiser Voraussicht Klappstühle und Tischchen mitgebracht, und die Schlange bewegte sich tatsächlich so langsam voran, dass sie nicht allzu oft umzuziehen brauchten. Sie spielten Karten – vor allem Rommé, aber ich sah auch Leute, die Bridge und Poker spielten. Ein paar Grüppchen von Yuppies in ihren lässigen Geschäftsanzügen machten es sich auch ohne Stühle und Tische bequem. Im Schneidersitz saßen sie auf dem Bürgersteig und breiteten die Spielkarten vor sich aus.

Ich habe im wirklichen Leben oft genug angreifende Flugzeuge erlebt – am 1. September 1939 zum Beispiel, als deutsche Messerschmitts die Straße, auf der ich mit meinen Eltern aus meiner polnischen Heimatstadt in Richtung Rumänien floh, mit Maschinengewehren beschossen, und später, als deutsche Flugzeuge, wie in Zeitlupe, Bomben über dem Warschauer Ghetto abwarfen, wo der Aufstand ausgebrochen war – und noch später, während des Aufstandes von 1944, als

Warschau erneut bombardiert wurde. Mir fiel wieder ein, wie man sich in einem Gebäude fühlt, das von Fliegerbomben getroffen oder mit Artillerie beschossen wird. Diese letzten Erinnerungen stammen aus der Zeit der britischen Bombenangriffe auf Warschau im Jahre 1944 und des sowjetischen Vormarschs durch Polen, Richtung Westen, nach Deutschland, als wir nicht mehr wussten, ob es Deutsche oder Russen waren, die Tod und Schrecken über uns brachten. Nicht, dass sich die Zerstörung all der einfachen Gebäude in Polen in ihrem Ausmaß und als Schreckensszenario mit der Pulverisierung des World Trade Center vergleichen ließe. Ich sah aus meinem Fenster, wie die beiden Türme in Flammen aufgingen und wie die Rauchsäulen bis in den höchsten Himmel stiegen. Am Abend zu Hause sah ich im Fernsehen, wie die niedergehende Asche und der Staub Downtown Manhattan in eine Landschaft verwandelten, die mich an die glücklichen Bilder von den ersten Schritten eines Menschen auf dem Mond erinnerten.

Aber mir scheint, meine eigenen Erinnerungen an den Zweiten Weltkrieg und all die Filme, ob dokumentarisch oder inszeniert, über die Schrecken dieses Krieges und über die kleineren Kriege, die ihm folgten, haben mich unempfindlich gegen den Anblick von Bomben und Geschossen gemacht, die Tod und Zerstörung durch Sprengkraft und Feuer bringen. Kamikaze-Piloten jedoch oder Selbstmordattentäter in Autos und Lieferwagen oder Attentäter, die sich mitten im dichtesten Gedränge in die Luft sprengen, haben eine andere Ebene der Monstrosität erreicht, die auch mich nicht kalt ließ. Aber all dies wurde übertroffen durch die Terroristen vom 11. September des Jahres 2001, die ihr Selbstopfer so anlegten, dass es Dutzende und Aberdutzende Unbeteiligter mit den Tod riss – Menschen, von denen die Täter mit Sicherheit nichts wussten und die sie deshalb nach irgendwelchen halbwegs vernünftigen oder begreiflichen Maßstäben auch nicht als ihre Feinde ansehen konnten.

Diese Opfer saßen in den Maschinen, die Sicherheitsgurte angeschnallt, und warteten darauf, dass die Mission beendet würde. Ihre Angst, die ich mir nicht anders als lähmend vorstellen kann, hinderte einige von ihnen jedoch nicht daran, den Versuch zu machen, mit ihren Mobiltelefonen eine Außenwelt zu erreichen, die vielleicht noch bei gesundem Verstand war. So telefonierte ein Sohn mit seinem Vater. Und eine Stewardess rief das Hauptquartier von American Airlines an und brachte sogar die Geistesgegenwart auf, die Nummer des Sitzes mitzuteilen, auf dem einer der Entführer im Flugzeug gesessen hatte.

Eines scheinen mir meine alten Erinnerungen an die Katastrophen des Krieges und diese jüngste kaltblütige Mordtat gemeinsam zu haben: Alle diese Gräuel hätten nicht geschehen können, wenn nicht die Täter fest an eine überindividuelle, kollektive Schuld ihrer Opfer geglaubt hätten, durch die diese in ihren Augen zu Unmenschen wurden.

Man denke zum Beispiel an die «Kulaken» und andere «konterrevolutionäre Gruppen», die im GULag zugrunde gingen; an die Juden, die in Gaskammern und anderen Orten vernichtet wurden, weil sie Christus ans Kreuz geschlagen hatten; an die Brandbomben, die auf Dresden fielen, weil Dresden eine deutsche Stadt war; an die Atombomben, die über Hiroshima und Nagasaki abgeworfen wurden, um eine Invasion der japanischen Inseln unnötig zu machen, aber auch, weil die Japaner Pearl Harbor angegriffen hatten; und man denke an die Wahnvorstellungen von kollektiver Schuld, die zur Rechtfertigung der Kulturrevolution in China und der «Killing fields» und der Massenmorde in Kambodscha herhalten mussten.

Ich glaube nicht, dass sich Angriffe auf Zivilisten, die inzwischen zu einem normalen Mittel im Krieg und bei Terroranschlägen geworden zu sein scheinen, ausführen ließen, wenn nicht den Mördern, ob in Uniform oder Zivil, eingehämmert worden wäre, dass die Angehörigen irgendeiner geächteten Gruppe von Menschen gar keine Menschen seien und aus Gründen, mit denen sie als Individuen überhaupt nichts zu tun haben, in den Tod befördert werden können.

Während ich dies schreibe und mit anhöre, wie die führenden Politiker meines Landes in allzu großen Worten verkünden, dies sei die tragischste Stunde in der Geschichte Amerikas, beschleicht mich die Angst, dieses Land könnte sich in seinem Zorn und seiner berechtigten Empörung dazu hinreißen lassen, ganze Gruppen von Menschen zu bestrafen – und nicht bloß diejenigen, die direkt oder indirekt persönliche Verantwortung tragen. Ich setze dieser Angst das Bild der Stadt New York am heutigen Tag entgegen: Unmittelbar neben der Verwüstung sehe ich große Ruhe, Mut und eine Zuneigung, die die Millionen Bürger dieser Stadt vereint. Es ist diese unverhoffte, aber dauerhafte Brüderlichkeit, die es möglich erscheinen lässt, dass wir uns dem stellen, was der nächste Tag von uns verlangt.

Aus dem Englischen von Reinhard Kaiser

Louis Begley wurde 1933 in Polen geboren, studierte in Harvard Literatur und Recht und lebt seit 1959 als Anwalt in New York. Er ist Präsident des PEN-Zentrums der USA. Im Frühjahr 2001 erschien auf Deutsch sein Roman «Schmidts Bewährung».

Stewart O'Nan

Man muss uns sagen,
wer unsere Feinde sind

Der Himmel über dem Pentagon, die
Zuschauer zu Idioten geschrumpft: Von Washington
über New York nach Hartford, Connecticut

Im Allgemeinen verstehen die Amerikaner, dass unser Land
Feinde hat. Aber die meisten von uns legen sich keine
Rechenschaft darüber ab, warum wir diese Feinde haben – unsere Außenpolitik ist kein wirkliches Thema für die Presse.
Doch wir wissen, dass es dort draußen Feinde gibt (und
manchmal, wie im Fall von Timothy McVeigh, auch mitten unter uns) und dass sie uns schlimmen Schaden zufügen wollen.
Wenn wir über die Gründe nachdenken, sind die Ideen einfach
und chauvinistisch: Im Grunde hassen sie uns, weil wir so
reich und mächtig sind – Terrorismus ist eine Form des politischen Neids. Mit dieser Einstellung ist es unmöglich, dass die
meisten Amerikaner jeden gewalttätigen Konflikt anders als in
absoluten Kategorien verstehen: Wir haben Recht, und sie haben Unrecht, und wer diskutieren will, verfehlt den entscheidenden Punkt.

Gelegentlich muss uns gesagt werden, wer unsere Feinde
sind (wie in Grenada), und manchmal sind es Menschen oder
Regime, die einst unsere Freunde waren. Doch nach dem Ende
des Kalten Krieges schien die Lage weniger verwirrend zu sein,
weil wir keine scheiternden Diktaturen oder beim Volk verhasste Regierungen mehr unterstützen mussten, um die Ver-

41

breitung des sowjetischen Kommunismus aufzuhalten, besonders in der westlichen Hemisphäre, die jetzt, mit Ausnahme einer kuriosen Antiquität namens Kuba, ganz und gar demokratisch ist.

Wo war Dick Cheney?

Ich war in Washington, bei einem Schriftstellertreffen, ungefähr zwei Blocks vom Weißen Haus entfernt, als eine der Organisatorinnen hereintrat und sagte, in New York habe es einen «terroristischen Anschlag» gegeben. Das Treffen wurde zunächst fortgesetzt. Wir waren im «Federal Triangle», einem Komplex, zu dem auch das Justizministerium und, einen Block weiter, das Gebäude des FBI gehört. Wir bemerkten Sicherheitskräfte in blauen Uniformen auf dem Dach jenseits des Innenhofes. Alle schauten in die andere Richtung, weg von uns, zur Mall und zum Potomac.

Die Organisatorin kam zurück: Das World Trade Center sei von zwei Flugzeugen getroffen worden, ein anderes sei auf das Pentagon gestürzt, unser Gebäude müsse sofort evakuiert werden. Einige von uns gingen wie blöd zum Fenster. Rauch drang aus der Richtung des Pentagon, er erhob sich dick und dunkel hinter dem weißen Pfahl des Washington Monument. Wir machten, dass wir hinauskamen, über die Treppe, sieben Stockwerke nach unten.

Unsere Geheimdienste haben nicht geschlafen, wie unzählige Kommentatoren und Politiker seit den Anschlägen behauptet haben. Vor einigen Monaten noch hatte die CIA stolz verkündet, sie habe eine große terroristische Attacke vereitelt. Es gibt einen verborgenen, nicht enden wollenden Krieg, der im eigenen Land wie im Ausland ausgetragen wird, um Anschläge wie diesen zu verhindern. In diesem Fall ist der Schaden so unermesslich, dass alle Anstrengungen sinnlos erscheinen – und doch hat es diese Anstrengungen die ganze Zeit über gegeben.

Wir hatten Glück und bekamen ein Taxi. Unter den Augen eines Polizisten wendete der Fahrer in einem wilden Bogen. Kleine Vergehen wurden nicht mehr geahndet. Auf dem Weg zum Hotel hörten wir Nachrichten im Radio, erfuhren das Wesentliche. Es war ein geplanter Angriff. Wir hörten, dass wie beim Bombenanschlag in Oklahoma unser erster Verdacht auf den Lieblingsbösewicht der Amerikaner fiel, auf den arabischen Terroristen, der gegen unsere Politik gegenüber dem Iran und dem Irak sowie gegen unsere scheinbar bedingungslose Unterstützung für Israel protestiert.

Als wir das Hotel und den Ansturm der Fernsehnachrichten erreichten, war der erste Turm des World Trade Center in sich zusammengebrochen. Ein weiteres entführtes Flugzeug war unterwegs nach Washington. Das Pentagon machte sich bereit. Wir waren im obersten Stockwerk des Hotels. Wie Idioten gingen viele von uns zu den Fenstern und öffneten sie, um in den Himmel hinaufzuschauen. Nichts. Wären wir vernünftig gewesen, wären wir jetzt wieder die Treppen hinuntergetrappelt. Im Fernsehen hatten wir gerade gesehen, wie ein Hochhaus zusammenstürzt, ein Selbstmörder-Flugzeug war unterwegs. Wir aber blieben oben. Wir hatten noch immer dieses wasserdichte Gefühl: Uns kann das nicht passieren.

Die Nachricht kam, dass ein Flugzeug südlich von Pittsburgh abgestürzt sei. (Verfolgt man die Chronologie dieses Fluges, die um etwa zwanzig Minuten später liegt als die der Maschine, die auf das Pentagon stürzte, ist es sehr wahrscheinlich, dass das Flugzeug von Abfangjägern niedergeschossen wurde. Aber das wird in diesen Tagen in den Medien kaum kommentiert.) Dann kam eine Weile nichts mehr. Dann brach der andere Turm zusammen.

Ich war in Oklahoma City, als die Bombe im Morrow Building explodierte. Das Gefühl in Washington war ähnlich. Eine Art von Kameraderie wie in Kriegszeiten. Und immer noch lief der Fernseher. Der Präsident verurteilte die Anschläge, fade wie immer, und flog davon in einen Bunker des Strategic Air Command in Nebraska. Als er wieder auftauchte, verschwand Vizepräsident Dick Cheney (erst am Samstag erschien dieser dann wieder – noch ein Rätsel, dem sich die Medien nicht gewidmet haben).

Es gibt nicht viele Möglichkeiten, sich mächtiger Feinde zu entledigen – man muss sie entweder ermorden lassen (eine frühere Spezialität der CIA, doch schwer zu bewerkstelligen), oder man muss ihr Land mit Bodentruppen besetzen. Während der vergangenen zwanzig Jahre hat Amerika immer wieder ähnliche Unternehmungen versucht, mit geringem Erfolg. Amerikanische Politiker sehen es nicht gern, dass Bodentruppen eingesetzt werden, weil sie fürchten, dass der Tod amerikanischer Soldaten die einheimische Unterstützung für den Krieg unterhöhle – wie in Vietnam. Deswegen haben sich amerikanische Präsidenten vor allem auf Angriffe aus der Luft verlassen und Städte wie Tripolis, Bagdad oder Belgrad angegriffen, um Gaddhafi, Saddam Hussein und Milošević zu vernichten. Diese Bombenangriffe waren zu Hause beliebt, doch waren sie zumeist strategische und politische Fehlschläge, die vor allem die Zivilbevölkerung trafen und die Feindschaft gegen die Vereinigten Staaten schürten.

Der Plan ist nun, das Land und die Menschen von Afghanistan unter das Joch von Osama Bin Laden zu treiben, der – schon vor dem Anschlag – hierzulande für den bösesten unserer Feinde gehalten wird. Es ist gefährlich, ein ganzes Land zu dämonisieren, weil es einen Führer und seine Gefolgschaft beherbergt. Es wird notwendig sein, dass die Vereinigten Staaten oder eine eilig zusammengezimmerte Allianz (die üblichen Verdächtigen plus ein paar arabische Staaten wegen der Public Relations) gegen die Regierung der Taliban und gegen das afghanische Volk in den Krieg zieht. Die Frage, wie man aus einem solchen Krieg wieder herauskommt – in Bosnien und Somalia war sie so wichtig –, wird vom Tisch gewischt. Es ist wichtiger, dass irgendjemand für den Anschlag bestraft wird.

Die Leute auf dem Schriftstellerkongress in Washington waren nachdenkliche Intellektuelle. Sie waren niedergeschlagen und wütend, sie waren entsetzt, und doch fürchteten sie, welche Schrecken dieser Anschlag nach sich ziehen werde. Wir alle verstanden die Demütigung des Stolzen und Mächtigen, sahen, dass die Terroristen unsere eigene Technik (das Flugzeug und den Wolkenkratzer, zwei amerikanische Prunkstücke) gegen uns gewandt hatten. Wir wussten, welche Ungerechtigkeit das kapitalistische System auszeichnet, wir kannten die Konsequenzen der Globalisierung und waren abgestoßen von der gewalttätigen Eigenmächtigkeit, mit der die multinationalen Konzerne unsere Wirtschaft (und einen großen Teil der Weltwirtschaft) unterhalten. Doch wir hatten Schwierigkeiten, diesen Anschlag als politischen Akt zu verstehen.

Was ist heute ein hartes, was ein weiches Ziel? Wo verläuft die Grenze? Einige mögen glauben, das Pentagon sei ein hartes Ziel, das Herz des militärisch-industriellen Komplexes – und die Zwillingstürme schienen, ungeachtet ihrer Rolle für unsere Außenpolitik und das Schicksal von Millionen, wenn nicht Milliarden Menschen, der zivilen Welt zuzugehören und daher geschütztes Gebiet zu sein. Weil die Opfer unbewaffnet und unvorbereitet waren, ist der Anschlag zu Recht feige genannt worden (eine Unterscheidung, die Susan Sontag völlig übersieht, wenn sie den Entführern in einem Artikel, der an diesem Montag im «New Yorker» erscheint [vgl. in diesem Buch S. 33], eine gewisse Anerkennung dafür zollt, den eigenen Tod hingenommen zu haben).

Ein Bombardement – sogar eines gegen zivile Ziele – muss ein Land nicht demoralisieren, solange die Möglichkeiten einer Vergeltung nicht in Frage gestellt sind. Beispiele dafür sind die Briten im Zweiten Weltkrieg und die Nordvietnamesen im amerikanischen Krieg. Ein Land, das einen Angriff übersteht und die Fähigkeit hat, gegen den Feind mit überlegener Feuerkraft Vergeltung zu üben, wird einer solchen Versuchung nur selten widerstehen.

Amerika ist heute stolzer als vor den Anschlägen. Überall schwenken Menschen die Fahne – von den Innenstädten bis in die Vororte, die Mittelschicht und die Arbeiter. Der Anschlag hat das Land in seiner Selbstwahrnehmung nicht nur verwundet, sondern zugleich zusammengeschweißt. Die Frage ist nur, ob diese Regierung in der Lage ist, die furchtbare Kraft unserer Waffen effektiv und verantwortungsvoll zu lenken und zu kontrollieren.

Am Nachmittag nach dem Anschlag hörte ich zum ersten Mal wieder ein Flugzeug über Washington – ein Kampfflugzeug, das ich nicht sehen konnte. Dann war es wieder still, bis ein Hubschrauber in einer Schleife um das Washington Monument flog, nur einmal. Nachdem der Präsident seine Fotografierstunde vor dem Pentagon hinter sich hatte, dachte ich, ich hätte den Hubschrauber gehört, der ihn zum Weißen Haus zurückbrachte. Aber es war nur ein Ventilator auf einem nahen Dach. In dieser Nacht sah ich Rauch aus einem Haus auf der anderen Seite der Straße aufsteigen – eine Sirene darunter ließ mich glauben, dass es von einem Feuer komme, dass wir angegriffen werden – aber es war nur Dampf, der aus einer Heizanlage gelassen wurde. Am nächsten Tag, im selben Gebäude, in dem ich mich während des Anschlags befand, wurde ich die Vorstellung nicht los, der Raum würde sich im nächsten Augenblick wie ein Paket flach zusammenfalten und das ganze Haus in sich zusammenstürzen.

Ich musste die Stadt verlassen. Der Flughafen war geschlossen, es gelang mir, einen Sitzplatz im Zug zu ergattern. Tausende wollten aus der Stadt. Der Zug musste durch New York. Wir näherten uns der Stadt in der Abenddämmerung, durch die Industriebrachen von Newark. Der Flughafen war geschlossen, die Maschinen standen dunkel auf den Pisten. Auf der anderen Seite des Hudson, noch weit entfernt, die Skyline von Manhattan. Ich fand das Empire State Building – abgedunkelt, die gestufte Spitze nicht wie gewöhnlich hell erleuchtet. Die Nacht kam schnell, und ich konnte nur blassen, weißen Rauch sehen, der vom Wind vom Hafen nach Norden getrieben wurde. Ein wenig weiter südlich, am Battery Park, stand ein vierkantiges Gebäude, klein, vielleicht dreißig Stockwerke hoch. Es trug an der Spitze ein rotes Blinklicht, um Flugzeuge zu warnen. «Nächste Station New York», rief der Schaffner, «Penn Station New York.»

Wir fuhren in den Tunnel unter dem Fluss und durch die Stadt. Die meisten Passagiere verließen den Zug. Ein paar Minuten war es still, dann kehrten die Aufzüge zurück und brachten Hunderte von Menschen, die den Anschlag erlebt hatten – eine junge Frau mit einer kleinen amerikanischen Flagge, einen Mann mittleren Alters mit einem bandagierten Arm, einen orthodoxen Juden mit grauem Bart, schwarzem Mantel und Hut. Die Polizisten auf den Bahnsteigen hatten Atemschutzmasken um ihre Funksprechgeräte gewickelt.

Jenseits des East River

Von der anderen Seite der Hell Gate Bridge über den East River sah die Stadt wie gewöhnlich aus – die Apartmentblocks von Harlem, die Hochhäuser von Midtown, das hell erleuchtete Metropolitan Life Building, das alte Woolworth Building. Es war zu weit nach Downtown, zu dunkel, das Einzige, was man normalerweise aus dieser Entfernung hätte erkennen können, wären die Twin Towers gewesen. Dann weiter durch die Siedlungen von Co-op City und die Golfplätze von New Rochelle und in die Vororte, die leeren Bahnhöfe der Lokalbahnen blieben zurück, die Plakate auf den Stellwänden aus Plexiglas warben für Organisationen, die Trauernde betreuen.

Stunden später, nördlich von Hartford, fuhr ich nach Hause. Ein kleines Licht bewegte sich tief über den Horizont und kam mir über den Bäumen entgegen – ein Flugzeug im Landeanflug. Eine nächste Maschine war dahinter, dann wieder eine und noch eine. Unser Haus steht unmittelbar unter der Einflugschneise. Die ganze Nacht über hörte ich die Flugzeuge.

Deutsch von Thomas Steinfeld

Stewart O'Nan, geboren 1961, veröffentlichte auf Deutsch zuletzt den Roman «Der Sommer der Züge» (1999). In diesen Tagen erscheint sein Buch «Das Glück der anderen». Er wurde mit dem Drue Heinz und dem William Faulkner Prize ausgezeichnet. Lebt bei Hartford in Connecticut.

Martin Amis

Wir befinden uns noch im ersten Kreis

Das Auftauchen des zweiten Flugzeugs war es, wie es im
Tiefflug über die Freiheitsstaue herandrang: Das war der ent-
scheidende Augenblick. Bis zu diesem Moment glaubte Amerika, es erlebe nichts Ernsteres als das schlimmste Flugzeugun-
glück der Geschichte; nun hatte es einen Begriff von der
unbegreiflichen Gewalttätigkeit, die auf es losging. Ich habe
noch nie ein eigentlich vertrautes Objekt von den Umständen
so verwandelt gesehen. Dieses zweite Flugzeug wirkte lebendig, belebt von einer bösen Energie, und vollkommen fremd-
artig. Für die Tausende von Menschen im Südturm bedeutete
das zweite Flugzeug das Ende. Von allem. Für uns war sein
Glitzern das Aufblinken einer nahenden Zukunft.

Der Terrorismus ist die Fortsetzung der politischen Kom-
munikation mit anderen Mitteln. Die Botschaft vom elften
September lautete: Amerika, es ist an der Zeit, dass du be-
greifst, wie unerbittlich du gehasst wirst. Flug 175 der United
Airlines war eine Interkontinentalrakete, die auf Amerikas un-
befangene Unschuld zielte. Diese Unschuldigkeit war – das
wurde hiermit behauptet – ein Luxus, ein Anachronismus,
eine Verblendung. Eine Woche nach dem Angriff kann man die
bittere Galle seiner entsetzlich subtilen Logik schmecken. Eine
derartige Inszenierung wäre einst für einen Drehbuchschrei-
ber oder Thrillerautor bloß peinlich gewesen («Was heute geschehen ist, war nicht glaubhaft», war der hölzerne Satz, den
Tom Clancy herausbrachte). Und doch wurde am helllichten
Tag und bei vollem Bewusstsein ein solches Szenarium Wirk-

lichkeit – etwa ein Dutzend Teppichmesser produzierten eine halbe Million Tonnen Schutt.

Verschiedene Grundannahmen der amerikanischen Politik gingen nach den Ereignissen des letzten Dienstags in Konkurs, darunter die nationale Verteidigung gegen Raketenangriffe. Jemand hatte begriffen, dass der Himmel über Amerika bereits von Raketen wimmelte, alle bereits entsichert und bereit, in ihre Ziele gelenkt zu werden. Das erste Flugzeug sollte zu einem Zeitpunkt in den nördlichen Turm des World Trade Center krachen, als der Arbeitstag gerade richtig anfing. Dann eine Pause von fünfzehn Minuten, damit die Welt Zeit hatte, sich um die Fernsehgeräte zu versammeln. War so die allgemeine Aufmerksamkeit gesichert, würde das zweite Flugzeug in den südlichen Turm rasen. In diesem Augenblick würde sich Amerikas strahlende Jugend in ein konfuses Alter verwandeln.

Falls der Architekt dieses Zerstörungsplans Osama Bin Laden war, ein voll ausgebildeter Ingenieur, dann wusste er auf jeden Fall über die Statik des World Trade Center Bescheid. Man muss davon ausgegangen sein, dass einer der Türme oder beide einstürzen würden. Doch darf kein cineastisches Genie hoffen, je dieses majestätische Resignieren, diese doppelte Kapitulation nachzustellen, mit der das Riesenmaß der Gebäude sich seine eigene Zeitlupe erschuf. Es war den Planern klar, dass ein derartiger Bau aus Beton und Stahl im Sturz zu einer unvergesslichen Metapher werden würde. Dieser Augenblick war die Apotheose der postmodernen Ära – der Ära der Bilder und sinnlichen Wahrnehmungen. Auch waren die Windbedingungen günstig; nach ein paar Stunden sah Manhattan aus, als hätte es zehn Megatonnenbomben abbekommen.

Meine Schwägerin hatte eben ihre Kinder in die Schule gebracht und stand an der Ecke Fifth Avenue und Eleventh

Street, um 8 Uhr 58, am elften Tag des neunten Monats des Jahres 2001 (des zweitausendjährigen Jubiläums des Christentums). Einen Augenblick lang war ihr, als stünde sie auf einer Rollbahn des Kennedy Airport: Sie schaute hoch und sah den glänzenden Bauch der 767 wenige Meter über ihrem Kopf. (Ein anderer Zeuge beschreibt, wie das erste Flugzeug die Fifth Avenue «hinunterfuhr» – mit sechshundertfünfzig Stundenkilometern.) Vor dem Washington Square Park steht ein Triumphbogen von bescheidenen Ausmaßen; Flug 11 der American Airlines von Boston war bereits so tief, dass die Maschine wieder ein Stück hochgehen musste, um ihn zu überfliegen.

Wir haben alle schon gesehen, wie sich Flugzeuge hohen Gebäuden nähern oder zu nähern scheinen. Wir warten angespannt, wenn der scheinbare Zusammenprall naht, obwohl wir sicher sind, dass es sich nur um eine optische Illusion handelt und das Flugzeug ruhig weiterfliegen wird. Meine Schwägerin sah Flug 11 nach. Sie rief der Maschine innerlich zu, abzudrehen, davonzufliegen in den reichlich vorhandenen blauen Himmel. Aber das Flugzeug drehte nicht ab. Am Nachmittag brachten ihre Kinder der einen ganzen Häuserblock langen Menschenschlange, die am St. Vincent's Hospital zum Blutspenden wartete, etwas zu essen und zu trinken.

Dann das zweite Flugzeug und die Enthüllung des Terrors – seine Verdoppelung, seine Erhebung ins Quadrat. Wir reden von Flugzeugkoller, wenn Passagiere durchdrehen – aber hier schien das Flugzeug selbst von wahnwitziger Wut getrieben, wie es voranschoss und sich fing und sich gegen den südlichen Turm warf. Der selbstmörderische Angriff von draußen fand nun seine selbstmörderische Entsprechung drinnen, und wir sahen den vielleicht trostlosesten Anblick dieses trostlosen Tages. Sie strampelten und traten um sich, als sie herabfielen.

Als ließe sich der Sturz in den Abgrund noch hindern. Aber Sie würden auch strampeln und mit den Füßen treten. Sie könnten das ebenso wenig verhindern wie das Zähneklappern bei sehr großer Kälte. Es ist ein Reflex. Es ist das, was Menschen tun, wenn sie in die Tiefe stürzen.

Das Pentagon ist ein Symbol, das World Trade Center ist – war – ein Symbol, und ein amerikanisches Passagierflugzeug ist ein Symbol – es steht für die Mobilität und Energie der Vereinigten Staaten und für die Hunderte lockender, glitzernder Reiseziele. Diejenigen, die den Terror vom letzten Dienstag organisierten, waren moralische Barbaren, von unsühnbarer Grausamkeit, aber sie gingen ihren Plan mit einer verrückten Geschicklichkeit an. Sie nahmen diese großen amerikanischen Symbolobjekte und zerrieben sie aneinander. Es hilft auch gar nichts, die Angriffe als «feige» zu bezeichnen. Der Terror hat seine Wurzeln schon immer in Hysterie und psychotischer Unsicherheit gehabt. Trotzdem sollten wir unseren Feind begreifen. Auch die Feuerwehrleute hatten keine Angst, für eine Idee zu sterben. Aber diese selbstmörderischen Killer gehören in eine andere psychische Kategorie, und so etwas wie ihre kämpferische Effektivität kennen wir auf unserer Seite nicht. Ganz offensichtlich haben sie nichts als Verachtung für ein Menschenleben. Ebenso offensichtlich verachten sie den Tod.

Ihr Ziel war es, Zehntausende zu töten und zu quälen und Hunderte von Millionen zu entsetzen. Das ist ihnen gelungen. Die Temperatur der Angst auf diesem Planeten ist bis zur Fieberhitze gestiegen; das «Summen der Welt» im Hintergrund, um Don DeLillos Ausdruck zu gebrauchen, ist jetzt ein hallender Tinnitus geworden. Das wichtigste Resultat aber betrifft die entferntere Zukunft – betrifft das Verschwinden einer Illusion, mit der wir gelebt haben. Sie galt den von uns geliebten Menschen, vor allem unseren Kindern. Amerikanische Eltern werden das besonders intensiv erleben, aber wir auch. Die Illusion ist folgende: Mütter und Väter brauchen das Gefühl, dass sie ihre Kinder beschützen können. Sie können das natürlich nicht, aber das Gefühl brauchen sie. Was früher mehr oder weniger unmöglich schien – diesen Schutz tatsächlich zu gewähren –, ist jetzt ganz einfach vollkommen unvorstellbar. Also werden wir irgendwie ohne dieses emotionale Bedürfnis auskommen müssen.

Es könnte sich herausstellen, dass der letzte Dienstag doch kein epochales Datum gewesen ist – es sollte die unmittelbare Aufgabe der gegenwärtigen Regierung sein, zu verhindern, dass er es wird. Bedenken wir: Der Angriff hätte unendlich viel schlimmer sein können. Am elften September eilten Experten vom Zentrum für Seuchenkontrolle an den Katastrophenort, um die Atmosphäre auf biologische und chemische Kampfstoffe zu testen. Sie wussten, dass diese Möglichkeit bestand – und eine Möglichkeit bleibt es immer. Auch gibt es das in sich unlösbare Problem der inaktiven Atomkraftwerke Amerikas. Würde ein entsprechender Angriff auf eine solche Anlage geführt, könnten enorme Landstriche auf Zehntausende von Jahren hinaus zu Plutoniumfriedhöfen werden. Dann gibt es die beinahe unvermeidliche Bedrohung durch Atomwaffen in den Händen von Terroristen. Eine der Denkaufgaben, vor denen Bush und seine Berater versagen könnten, ist die Einsicht, dass der Dienstagsterror trotz all seiner Schrecklichkeit nur ein kleiner Vorgeschmack gewesen sein könnte. Wir befinden uns noch im ersten Kreis.

Es wird im Übrigen für die Amerikaner entsetzlich schwierig und schmerzhaft werden, sich mit dem Gedanken vertraut zu machen, dass man sie hasst – und zwar auf eine von der Vernunft durchaus nachvollziehbare Weise. Wie viele wissen beispielsweise, dass ihre Regierung fünf Prozent der irakischen

Bevölkerung vernichtet hat? Wie viele rechnen sich das Äquivalent in den USA aus (und kommen auf vierzehn Millionen)? Diverse nationale Züge – der Unabhängigkeitsstolz, ein leidenschaftlicherer Patriotismus als in Westeuropa, eine entschiedene Ignoranz anderen Ländern gegenüber – haben dazu geführt, dass es den Vereinigten Staaten an der Fähigkeit mangelt, das Leid von fern lebenden Menschen mitzuempfinden. Entscheidend – und jetzt besonders schmerzhaft – ist der Umstand, dass es für das amerikanische Bewusstsein auf fast tautologische Weise feststeht, dass Amerika im Recht ist und dass Amerika gut ist. Amerikaner haben Recht und sind gut, da sie Amerikaner sind. Saul Bellows Begriff für diese Denkgewohnheit ist «Angelisierung»: Selbstwahrnehmung als Engel. Auf der von den USA angeführten Seite braucht es also nicht nur eine Bewusstseinsrevolution, sondern eine Umformung des Nationalcharakters – vielleicht das Werk einer Generation.

Und auf der anderen Seite? Bizarrerweise hat die Welt plötzlich das Gefühl einer grundsätzlichen Polarität. Der Westen sieht sich wieder einem irrationalen, militanten, theokratisch-ideokratischen System gegenüber, das seinem Wesen nach unversöhnlich ist. Der alte Feind war eine Supermacht, der neue ist noch nicht einmal ein Staat. Am Ende ging die Sowjetunion an ihren eigenen Widersprüchen zugrunde. Und der Sozialismus war immerhin ein modernistisches, ja futuristisches Experiment, während der Fundamentalismus sich in einer chaotischen spätmittelalterlichen Phase seiner Entwicklung befindet. Wir müssten erst einmal eine Renaissance und eine Reformation abwarten und dann eine Aufklärung. Und das werden wir nicht tun.

Aber was dann? Es muss ein Gewaltakt kommen; Amerika braucht die Katharsis. Wir wollen vor allem hoffen, dass dieser Schlag nicht zu einer Eskalation führt. Er sollte auch dem ursprünglichen Angriff darin entsprechen, dass er alle völlig überrascht. Ein utopisches Beispiel: Das malträtierte und von der Außenwelt abgeschnittene Volk von Afghanistan, das sich in der Aussicht auf einen Hungerwinter zusammenkauert, sollte nicht mit Cruise Missiles bombardiert werden, sondern mit dem Abwurf von Lebensmittellieferungen, auf denen groß und deutlich steht: «EIN HILFSPROGRAMM DER USA». Etwas realistischer gedacht – sofern Pakistan nicht tatsächlich Bin Laden abliefern kann, wird die amerikanische Antwort fast mit Sicherheit mit elefantöser Wucht erfolgen. Dann wird der Terror von oben das Reservoir allen Terrors von unten wieder reichlich anschwellen lassen: jenes Reservoir, das aus unverheilten Wunden besteht.

Unsere beste Chance als auf diesem Planeten Zusammen-wohnende ist die Entwicklung dessen, was man als «Gattungs-bewusstsein» bezeichnet hat – etwas, das über Nationalismen, Blöcke, Religionen, Ethnien hinwegreicht. In dieser letzten Woche ungläubigen Kummers habe ich versucht, solch ein Bewusstsein zu entwickeln, solch eine Sensibilität. Als ich an die Opfer dachte, die Täter und die nahe Zukunft, empfand ich Gattungstrauer, Gattungsscham, dann Gattungsangst.

Aus dem Englischen von Joachim Kalka

Martin Amis, geboren 1949 in Oxford, lebt in London als Journalist und Buchautor («1999», «Information», «Experience»). Für sein Werk wurde er unter anderem mit dem Somerset Maugham Award ausgezeichnet.

Naomi Bubis

Als wären wir selbst getroffen

In Israel nach dem «schwarzen Dienstag»

Viele Israeli empfinden New York als ihre zweite Heimat. Wer sich den Traum eines Lebens in der Weltmetropole nicht erfüllen kann, reist mit seiner Familie an Feiertagen und in den Ferien nach Manhattan. Die Flüge nach New York sind stets ausgebucht, Israeli lieben den Big Apple. Umso härter trafen sie die apokalyptischen Anschläge auf das Pentagon und das World Trade Center, sie wurden wie ein Terrorangriff ins eigene Herz erlebt. Die Verbundenheit mit dem «großen amerikanischen Bruder» kommt in solchen Extremsituationen besonders stark zur Geltung. Plötzlich fühlen sich die Menschen nicht mehr allein in ihrer Konfrontation mit terroristischen Anschlägen gegen Zivilisten, gibt es Hoffnung auf mehr Verständnis für die eigene Lage. An Solidaritätsakten fehlt es nicht. Spontan suchten 1600 Israeli die Krankenhäuser auf, um Blut zu spenden. Ein junger Mann meinte: «Sie helfen uns so viel, was kann ich ihnen zurückgeben, wenn nicht mein Blut?» Da der Bedarf an Blutspenden niedriger als vermutet ist, wurden die konservierten Beutel nicht in die USA ausgeflogen.

Am Samstagabend fand auf dem Rabin-Platz in Tel Aviv eine Veranstaltung als Zeichen der Solidarität mit dem amerikanischen Volk statt. Unter dem Slogan «You've got a friend» versammelten sich 15 000 Menschen vor dem Rathaus, wo Ministerpräsident Rabin 1994 von einem jüdischen Fanatiker erschossen wurde. Musiker der nationalen Pop- und Rockszene spielten amerikanische Lieder, Außenminister Shimon Peres betonte in seiner Ansprache die Verbundenheit beider Völker, die Größe der amerikanischen Demokratie. Vor der amerikanischen Botschaft in Tel Aviv liegen Hunderte Blumen, Kränze, Briefe, brennen Gedenkkerzen. Es sind auffallend viele junge Menschen, Studenten und Schüler, die es an diesen Ort treibt. Eine aus Haifa angereiste Studentin schreibt in schwarzen Lettern ihre Gefühle auf ein Plakat: «We feel your pain.»

Jerusalems Oberbürgermeister Ehud Olmert hat die in der Innenstadt gelegene Jaffastraße – in der vor einem Monat ein Selbstmordattentäter in einer Pizzeria fünfzehn Menschen mit sich in den Tod riss – für zwei Monate in «New York Street» umbenannt. Tel Aviv ist der Initiative gefolgt und taufte die Kaplanstraße am Verteidigungsministerium – wo jüngst ein israelisch-arabischer Amokläufer um sich schoss – für einen Monat in «Pentagon Street» um.

Mitgefühl, Solidarität, Schmerz um Menschenverlust gehören zum traurigen Alltag in Israel. Der Umgang mit dem Tod ist Routine: Blutspenden, Sonderberichterstattungen, Kerzenmeere gegen die Trauer. Israeli sind daran gewöhnt, in einem permanenten Ausnahmezustand zu leben, in dem jeder Moment auch der letzte sein könnte, sie kennen das Ritual, wenn das reguläre Fernsehprogramm unterbrochen wird. Die Bürger sind informationssüchtig, hören auch an «normalen» Tagen jede Stunde Nachrichten. In der letzten Woche verbrachten die meisten ihre Zeit am Bildschirm, selbst in Cafés und Kiosken haften die Augen der Besucher an den laufenden Bildern. Mit großer Anteilnahme wurde die Ankunft der Passagiere der ersten El-Al-Maschine aus New York gefilmt, die am Freitag in Tel Aviv landete. Da umarmte eine Frau ihren Mann, den sie tot geglaubt hatte; dankte ein orthodoxer Jude für sein «zweites

Leben». Er hatte es geschafft, sich aus eigenen Kräften aus den Trümmern des World Trade Center zu befreien.

In den Sondersendungen können die Moderatoren auf eine schier unerschöpfliche Bandbreite an Spezialisten und Kommentatoren zurückgreifen: Offiziere, Polizisten, Politiker, Geheimdienstler, Terror- und Sicherheitsexperten. Um die Suche nach Angehörigen zu erleichtern, laufen Radiosendungen, in denen Hörer die Namen von Vermissten über den Äther schicken. Derzeit vermuten die Behörden vier Israeli unter den Opfern der Anschläge; 113 haben noch keinen Kontakt zu ihren Familien aufgenommen. Die Ausgaben der drei großen Tageszeitungen waren am Wochenende noch dicker als gewohnt, Extrabeilagen versuchen das Ausmaß der Katastrophe in Worte und Bilder zu fassen. Das Massenblatt «Jediot Acharonot» deklarierte den «Terrorismus als Nazismus unserer Zeit», und «Maariv» titelte: «Israels Herz ist gebrochen, es ist, als wären wir selbst getroffen.»

Neben Empathie, Trauer und Schock gibt es aber auch Ängste. Die Annahme, der irakische Präsident Saddam Hussein könnte in die Terroranschläge verwickelt sein, erweckt alte Befürchtungen und veranlasst so manchen Israeli dazu, seine verstaubte Gasmaske vom Dachboden zu holen. Auch erscheint die Horrorvision eines terroristischen Flugzeugangriffs auf Tel Aviv nicht mehr als pure Fiktion. Die Passagiermaschinen fliegen bei ihrem Anflug auf den Ben-Gurion-Flughafen direkt über die Anwohner der Mittelmeermetropole. Wo sonst die über die Dächer donnernden Düsenmaschinen als Großstadtcharme galten, erscheinen die Flugzeuge heute als potenzielle Bedrohung.

Die Ängste wurden verstärkt, als bekannt wurde, dass der gesuchte Terrorist Osama Bin Laden bereits seine Fühler nach Israel ausgestreckt hat. Ein im Juni vom israelischen Militär am

Grenzübergang Rafiah festgenommener Palästinenser aus dem Gazastreifen gilt als erster Gesandter des in Afghanistan untergetauchten Terrorchefs. Der 27-jährige inhaftierte Palästinenser absolvierte eine Ausbildung in afghanischen und pakistanischen Trainingslagern, bei seiner Rückkehr sollte er im Gazastreifen und in Zisjordanien ein Fundament für Osama Bin Ladens Netzwerk schaffen. Auch die jüngsten Demonstrationen in Gaza-Stadt und Ramallah mit Bildern von Bin Laden erwecken Sorge und Unruhe.

Um ihre Ängste zu verarbeiten, diskutieren Israeli – leidenschaftlich und laut. Zurzeit wird viel über die Auswirkungen der Terrorangriffe auf Amerika auf das eigene Dasein gesprochen. Wird der jüdische Staat mehr Sympathien gewinnen? Werden die Freudentänze einiger jubelnder Palästinenser, die nach den Attacken in Ostjerusalem und Ramallah spontan feierten, im Gedächtnis der Weltöffentlichkeit bleiben? Oder wird Israel langfristig als Sündenbock abgestempelt? Ist nicht seit dem «schwarzen Dienstag» jedes Attentat auch ein Anschlag auf die demokratische Völkergemeinschaft? Diese Fragen beschäftigen die Nation, die getrieben ist von dem Wunsch nach mehr Empathie für den eigenen Kampf gegen den islamistischen Terror.

Naomi Bubis wurde 1963 in Frankfurt/Main geboren. Sie ist Diplom-Politologin und arbeitete lange Jahre als Filmemacherin für die ARD. Seit vier Jahren lebt sie in Tel Aviv.

Ahdaf Soueif

Durch die Augen der Enteigneten

Tausende sind in New York und Washington ermordet worden.
Amerika trauert, und die Welt trauert mit. Was dort geschah, ist
das Böse in seiner schlimmsten Form, und die amerikanische
Regierung – und die Welt – rüsten sich zu Gegenmaßnahmen.
Maßnahmen, die sich offenbar von der Denkschule des Kampfs
der Kulturen ableiten, jener Schule, der islamistische Extremisten anhängen; diese betrachten Amerika – oder auch die gesamte westliche Kultur – offenbar als einen hegemonialen Mo-
nolithen, einen Feind, der zu fürchten und, wenn möglich, zu
vernichten ist. Und genau dieses Denken muss um jeden Preis
vermieden werden. Und dennoch findet es im Westen ein Echo
– wenn es dort vor langem nicht gar erst entstanden ist. Im Lauf
der letzten zehn Jahre ist die wachsende Tendenz zu erkennen,
die Begriffe «Araber», «Moslem», «Fanatiker», vielleicht sogar
«Terrorist» als praktisch austauschbar zu betrachten.

Als die Maschine des Flugs 990 der Egypt Air am 31. Oktober 1999 in den Atlantik stürzte und 217 Menschen an Bord in
den Tod riss, erklärten die USA nur wenige Minuten später, der
ägyptische Pilot sei ein islamistischer Fanatiker gewesen, der
Selbstmord begehen wollte. Noch nachdem ägyptische Zeitungen ein Familienfoto von ihm abdruckten, auf dem seine
kleine Tochter einen großen aufblasbaren Weihnachtsmann in
den Armen hielt, beharrten die Amerikaner darauf. Fast könnte
man sagen, dass die offiziellen USA, die Medien und Hollywood, diesen Albtraum in die Wirklichkeit träumten. Und ge-
wöhnliche Amerikaner haben den Preis dafür bezahlt.

Rückblickend sieht es jedoch so aus, als habe jemand eine Versuchsreihe unternommen. Ein «Fanatiker» in einem ägyptischen Flugzeug, ein mysteriöses Boot, das das amerikanische Kriegsschiff «USS Cole» gerammt hat. Und jetzt dieser Horror. Testete da jemand, was machbar ist? Womit man davonkommt?

Der Hauptverdächtige ist, wie uns am Donnerstag nach dem Anschlag gesagt wurde, Bin Laden. Möglich, dass er es war. Doch er kann nicht davon ausgegangen sein, dass ihm dieses ungeheuerliche Verbrechen zum Vorteil gereichen würde. Es hat – wer weiß, für wie lange – der Sache, die ihm, wie man uns sagt, am Herzen liegt, einen schlechten Dienst erwiesen. Warum hat er das getan? Nur, weil er Amerika hasst und ihm schaden wollte? Weil er sich, wie Jago, an seinem Hass und seiner bösen Tat weidet? Warum freut er sich dann nicht? Warum hat er vielmehr gesagt, er habe es nicht getan? Die Annahme eines fanatischen Täters macht es allzu leicht, Fragen der Logik, Fragen, die mit Zweck und Motiv zu tun haben, vom Tisch zu wischen. Und wenn er es nicht war? Was, wenn die Männer, die es getan haben, glaubten, für eine arabische oder moslemische Sache zu arbeiten, und dies aber gar nicht der Fall war? Am Dienstag, als sich die Nachricht von dem Anschlag verbreitete, sahen wir Bilder von Palästinensern, die auf den Straßen tanzten. Diese Bilder waren natürlich schändlich. Aber es muss auch gesagt werden, dass dieselben drei Bilder immer wieder gezeigt wurden, dass dies Korrespondenten arabischer Nachrichtensender zufolge vereinzelte Vorfälle waren und dass das ganze Ausmaß der Katastrophe, die Todesopfer betreffend, zu diesem Zeitpunkt noch gar nicht klar gewesen war. Am Tag darauf tanzte niemand mehr; der amerikanische Generalkonsul in Jerusalem soll Sandra Olewine, einer Missionarin von den Vereinigten Methodisten, gesagt haben, man habe einen 30 Zentimeter dicken Stapel Faxe mit Beileidsbekundungen von Palästinensern und palästinensischen Organisationen erhalten. Am Donnerstag berichtete der Jerusalem-Korrespondent der Nachrichtensendung «Today» mit einiger Verwunderung, dass die Menschen offenbar durchaus in der Lage zu sein schienen, zwischen dem amerikanischen Volk und seinem furchtbaren Verlust einerseits und dem amerikanischen Staat, der einen «verdienten» Schlag erhalten habe, zu unterscheiden. Die Unterscheidung zwischen «Volk» und «Staat» lernen die Menschen im Mittleren Osten automatisch zu machen. Es handelt sich dabei um eine Verwerfungslinie, deren Brüche in Zukunft noch gefährlicher werden könnten, wenn sich die dortigen Regime durch den Zwang, Amerika zu beschwichtigen, noch weiter von ihrem Volk entfernen.

Amerika muss seine Außenpolitik überprüfen, seine Haltung zum Internationalen Gerichtshof und zur Vereinbarung von Kioto ebenso wie seinen Beitrag zum Leiden des irakischen Volks, den Bombardierungen von Libyen und dem Sudan, nicht zuletzt seine Position im arabisch-israelischen Konflikt, und es muss sich fragen, warum sechzehn Männer bereit waren, zu töten und zu sterben, um die Symbole der amerikanischen Handels- und Militärmacht zu zerstören. Den Schmerz, der so viele Menschen in einem einzigen Augenblick befallen hat, kann man nicht bemessen. Wie kann verhindert werden, dass so etwas wieder geschieht? Ein Kanadier schreibt in einem (unterschriebenen und adressierten) Brief: «*Nichts* rechtfertigt, was am Dienstag geschehen ist. Aber wir müssen uns fragen (...), wie wir zu Bedingungen beigetragen haben, die Menschen dazu bringen, uns so zu hassen. Dann müssen wir uns daranmachen, diese Bedingungen und dieses Unrecht zu beseitigen.»

Immer wieder wurde der Welt demonstriert, dass man terroristische Angriffe nicht allein mit Sicherheitsmaßnahmen bekämpfen kann. Man muss sich der zugrunde liegenden Sache, dem «Warum» zuwenden. Und die offiziellen Reaktionen auf die schrecklichen Ereignisse jenes Dienstags erfüllen mich mit Furcht.

Manche Experten waren der Ansicht, dass die USA binnen zehn Tagen «irgendjemanden» treffen müssten, dass Marschflugkörper mit Ziel auf «irgendetwas» im Mittleren Osten die einzige angemessene Maßnahme seien. Am Donnerstag sagte der stellvertretende US-Verteidigungsminister Paul Wolfowitz, dass «die gesamte zivilisierte Welt von den Geschehnissen schockiert» sei. Er fuhr fort: «Und selbst Teile der unzivilisierten Welt überlegen allmählich, ob sie nicht auf der falschen Seite stehen.» Und das soll die offizielle amerikanische Sicht der Welt sein? Die Rede ist von einem 20 Milliarden Dollar schweren Sonderfonds, von den «vollen Ressourcen» der amerikanischen Regierung, von Kampfpatrouillen über Washington, D.C., und anderen Großstädten. Doch das wird nicht genügen. Amerika wird erst sicher sein, wenn die Drahtzieher keine Leute mehr finden, die bereit sind, ihr Leben zu opfern, um den USA zu schaden. Die Nation, die einmal sagte: «Gebt mir eure Armen, eure Schwachen, eure Hungrigen», muss sich selbst durch die Augen der Enteigneten der Welt betrachten.

Im Lauf des vergangenen Jahres, vor der Katastrophe jenes Dienstags, hatten die USA damit schon begonnen. Es hatte den Anschein, als gestatte sich das mächtigste Land der Welt, genauer hinzusehen, was um es herum geschah, beispielsweise im Heiligen Land. Mehr Artikel erschienen, mehr Menschen stellten Fragen. Teile der Regierung meldeten sogar leise Bedenken gegenüber der bedingungslosen, immer währenden Unterstützung an, die dem Staat Israel gewährt werden sollte. Diese Menschen haben sich nun – erneut – bei den Trauernden eingereiht. Es hätte nicht geschehen dürfen. Es darf nie wieder geschehen. Vielleicht wird es ja auch nie wieder geschehen – wenn sich die Amerikaner in ihrem Schmerz an die Seite anderer Leidender stellen. Es gibt Anzeichen dafür, dass viele Amerikaner genau dies tun. Und ihre Führer sollten genau auf ihre Stimmen hören.

Deutsch von Eike Schönfeld

Ahdaf Soueif, geboren 1950 in Kairo, in Ägypten und England aufgewachsen, lebt als Journalistin und Schriftstellerin in London. Ihr Roman «Die Landkarte der Liebe» wurde 1999 für den Booker-Preis nominiert.

José Saramago

Im Namen Gottes ist das Schrecklichste erlaubt

Irgendwo in Indien. Eine Reihe von Kanonen. Vor jedem Rohr ist ein Mann festgebunden. Im Vordergrund des Bildes steht ein britischer Offizier mit erhobenem Schwert, zum Schießbefehl bereit. Wir haben keine Bilder über die Wirkung der Schüsse, aber auch die undeutlichste Vorstellung wird verstreute Köpfe und Rümpfe «sehen», blutige Fetzen, Eingeweide, amputierte Gliedmaßen. Die Männer waren Rebellen.

Irgendwo in Angola. Zwei portugiesische Soldaten heben einen Schwarzen, der vielleicht noch am Leben ist, an den Armen hoch, ein weiterer Soldat hält ein Buschmesser in die Luft und bereitet sich darauf vor, den Kopf vom Körper abzutrennen. Im zweiten Bild – diesmal verfügen wir über eine zweite Aufnahme – steckt der Kopf auf einem Holzpfahl. Die Soldaten lachen. Der Schwarze war ein Guerillero. Irgendwo in Israel. Während israelische Soldaten einen Palästinenser festhalten, schlägt ihm ein Militär mit einem Hammer die Knochen der rechten Hand kaputt. Der Palästinenser hatte Steine geworfen.

Vereinigte Staaten von Nordamerika, New York. Zwei amerikanische Passagierflugzeuge, entführt von Terroristen, die mit dem islamischen Fundamentalismus in Verbindung gebracht werden, fliegen in die Türme des World Trade Center und bringen sie zum Einstürzen. Auf die gleiche Art und Weise richtet ein drittes Flugzeug enorme Schäden am Pentagon, dem Sitz der Kriegsmacht der Vereinigten Staaten, an. Die unter den Trümmern begrabenen Toten, zerstückelt und versprengt, sind Tausende.

Die Bilder aus Indien, Angola und Israel werfen uns das Grauen ins Gesicht. Wir sehen die Opfer bei ihrer Folterung, im Augenblick der Agonie und der Erwartung eines entwürdigenden Todes. Die Geschehnisse in New York wirkten zu Beginn dagegen irreal, wie altbekannte Episoden eines Katastrophenfilms; beeindruckend durch die Kraft der cineastischen Spezialeffekte, aber frei von Röcheln, Blutlachen, zerfetztem Fleisch, zermalmten Knochen, Exkrementen. Das Grauen, das sich wie eine Bestie versteckt hielt, lauerte darauf, dass wir aus unserer Erstarrung herausfanden, um uns an die Gurgel zu fahren. Das Grauen sagte zum ersten Mal: «Hier bin ich», als die ersten Personen aus der Höhe ins Leere sprangen, als ob sie noch im letzten Moment ihre eigene Todesart wählen wollten. Jetzt wird das Grauen beim Wegräumen eines jeden Steines erscheinen, hinter jeder zertrümmerten Mauer, unter jeder verbeulten Aluminimumplatte – als ein unkenntliches Gesicht, als Arm, als Bein, als zerfetzter Unterleib, als platter Brustkorb. Sogar dies ist längst bekannt, eintönig, geläufig durch die Bilder aus Ruanda, von den Napalm-Verbrennungen in Vietnam, den Hinrichtungen in vollbesetzten Stadien, den Erschlagenen und Gelynchten, den irakischen Soldaten, die unter Tonnen von Erde begraben wurden, den Bomben von Hiroshima und Nagasaki, den Asche speienden nationalsozialistischen Krematorien, mit den Leichen beladenen Lastwagen, die sich ihrer Fracht wie Müll entledigen. An irgendetwas werden wir immer sterben, aber wir haben die Übersicht verloren, wie viele Menschen Opfer der grausamsten Todesursachen wurden, Ursachen, welche die Menschheit selbst erfunden hat. Eine davon – die kriminellste und absurdeste unter ihnen, die den menschlichen Verstand am meisten empört – ist der Mord im Namen Gottes, begangen seit dem Beginn der Zivilisation.

Es ist bekannt, dass ausnahmslos alle Religionen nie dazu dienten, die Menschen einander näher zu bringen und den Frieden zu mehren. Religionen waren und sind der Grund für unendliches Leid, für Massenmorde und ungeheuerliche physische und psychische Gewalt, die zu den dunkelsten Kapiteln der elenden Geschichte der Menschheit gehören. Zumindest als Zeichen des Respekts vor dem Leben sollten wir den Mut aufbringen, diese Erkenntnis als eine unbestreitbare und beweisbare Wahrheit anzunehmen. Aber die Mehrheit der Gläubigen aller Religionen geben nicht nur vor, dies zu ignorieren, sondern sie richten sich jähzornig gegen jene auf, für die Gott nichts anderes als ein Name ist.

Ein Name, den wir ihm aus Angst vor dem Tod gaben, der uns den Weg zu wirklicher Humanität erschwert. Uns wurde das Paradies versprochen und mit der Hölle gedroht. Beides sind Unwahrheiten, Beleidigungen gegenüber unserer mühsam entwickelten Intelligenz. Nietzsche sagte, wenn es Gott nicht gäbe, wäre alles erlaubt, und ich antworte darauf, dass ausgerechnet im Namen Gottes bisher alles erlaubt und gerechtfertigt wurde, vor allem das Schlimmste, Schrecklichste und Grausamste. Über Jahrhunderte war die Inquisition – wie heute die Taliban – eine Terrororganisation: Sie widmete sich der perversen Interpretation der Heiligen Schriften, statt in respektvollem Glauben mit diesen Texten umzugehen: ein monströser Pakt zwischen der Religion und dem Staat gegen die Glaubensfreiheit und das menschlichste aller Rechte: das Recht, nein zu sagen, das Recht auf Ketzerei, das Recht darauf, eine abweichende Meinung zu haben.

Und dennoch ist Gott unschuldig. Unschuldig wie etwas, das es nicht gibt, niemals gab und nie geben wird. Er ist unschuldig, ein ganzes Universum erschaffen zu haben, nur um es mit Menschen zu bevölkern, die zu den größten Verbrechen fähig sind. Verbrechen, die im Nachhinein als Zeichen der Macht dieses Gottes gerechtfertigt werden, während die Zahl der Toten immer größer wird, auch jener in den Zwillingstürmen von New York. Die Götter, so meine ich, existieren nur im Gehirn der Menschen. Sie wachsen und verfallen in demselben Universum, das sie erschaffen hat, aber dieser «Faktor Gott» ist in unserem Leben so gegenwärtig, als sei er tatsächlich sein Herr und Besitzer. Es ist nicht Gott, sondern der «Faktor Gott», der auf den Dollarscheinen und Plakaten bei den jetzigen Demonstrationen erscheint. Den Plakaten, die für Amerika (für das der Vereinigten Staaten, nicht für das andere …) den göttlichen Segen fordern. Und es war der «Faktor Gott», in den sich der islamische Gott verwandelte, der in das World Trade Center die Flugzeuge der Empörung über die Verachtung sowie die Rache gegen die Erniedrigungen fliegen ließ. Man wird sagen, dass ein Gott die Winde gesät und dass ein anderer Gott mit Stürmen geantwortet hat. Vielleicht. Vielleicht ist dies sogar richtig. Es waren aber nicht die armen schuldlosen Götter, sondern es war der «Faktor Gott», der furchtbarerweise allen Menschen gemein ist, ganz gleich, wo sie leben und welcher Religion sie angehören. Er hat ihre Gedanken vergiftet und die Türen für die niederträchtigste Intoleranz geöffnet. Er respektiert nichts, mit Ausnahme dessen, woran zu glauben er befiehlt. Er, der sich rühmt, aus einer Bestie den Menschen erschaffen zu haben, hat schließlich aus dem Menschen eine Bestie gemacht.

Ich werde nicht jeden gläubigen Leser (welchen Glaubens auch immer), der dieser für ihn vielleicht abstoßenden Lektüre standgehalten hat, bitten, sich meinem Atheismus anzuschließen. Er soll nur – bitte! – verstehen, vom Gefühl her, wenn es ihm vom Verstand her nicht möglich ist, dass es, wenn es Gott gibt, es nur einen Gott gibt und dass der Name, den man ihm gegeben hat, das Unwichtigste ist. Und er soll dem «Faktor Gott» misstrauen. Dem menschlichen Geist mangelt es nicht an Feinden, der «Faktor Gott» ist jedoch einer der hartnäckigsten und zerstörerischsten – wie bereits bewiesen wurde und zu unserem Unglück auch in Zukunft bewiesen werden wird.

Aus dem Portugiesischen von Claudia Psotta

José Saramago wurde 1922 in Azinhaga geboren, einem Dorf in der portugiesischen Provinz Ribatejo. Für sein umfangreiches literarisches Werk wurde er vielfach geehrt; 1998 erhielt er den Nobelpreis für Literatur.

Tahar Ben Jelloun

Trennt Religion und Politik!

Die Schreckensbilder sind auch meiner siebenjährigen Tochter nicht entgangen, so wenig wie die Kommentare dazu in den Fernsehprogrammen. Am Tag nach der Tragödie kam sie zu mir und fragte: – Papa, bin ich eine Muslimin?
– Ja, wie deine Eltern.
– Papa, wenn die Muslime die Bösen sind, will ich keine Muslimin sein.
– Und? Was willst du tun?
– In der Kantine werde ich künftig auch Schweinefleisch essen.

Es ist schwierig, einem Kind klarzumachen, dass diese Mörder keine wahren Muslime sind. Ich erklärte ihr, dass der Islam den Selbstmord streng verbietet und unter Sühne stellt, dass diese Leute Ignoranten sind, dass der Wahn sie irregeleitet hat bis zur höchsten Grausamkeit … Doch meine Tochter hat einen wohl etwas konfusen Begriff von dieser Geschichte behalten, die bis in die letzten Wohnstuben der Welt gedrungen ist. Es wird viel Phantasie und Geduld nötig sein, um diese Anschauung zu korrigieren und ihr ein richtiges Bild vom Islam und von den anderen Religionen zu vermitteln.

Präsident Bush macht einem die Sache, den Kindern den Terrorismus zu erklären, nicht unbedingt leichter mit seinen überzogenen Äußerungen. Es werde ein monumentaler Kampf des Guten gegen das Böse sein, doch das Gute werde siegen, sagte er am Tage danach. Genau diesen Satz haben wir auch von den Terroristen schon gehört oder zumindest von ihren geistigen Hintermännern wie dem Ayatollah Khomeini, für den Amerika der Große Satan war, oder wie Bin Laden, der überzeugt ist, er sei von Gott gesandt, um gegen die Ungläubigen und Vertreter des Bösen auf der Welt Krieg zu führen. Bin Laden denkt, handelt und wirkt wie ein neuer Prophet in der göttlichen Mission, mit allen Mitteln die Fehlgläubigen aus den heiligen Stätten zu vertreiben, die amerikanischen Soldaten aus Saudi-Arabien, die Israeli aus Jerusalem. Die Terroristen stehen wie Traumwandler oder Roboter auf der Seite des Guten und opfern dafür auch ihr Leben im Kampf gegen das, was sie – vielmehr: was ihre Führer das Böse nennen.

Glaube und religiöse Überzeugung reichen aber nicht aus, um zu erklären, warum junge Leute kaltblütig und ohne sichtbaren äußeren Druck auf das eigene Leben verzichten und dabei mit einer furchtbaren Zuverlässigkeit das Handwerk von Mord und Zerstörung verrichten. Sie tragen in ihrem Unterbewusstsein das Prinzip von brutaler Lebensverleugnung. Soziologisch gesehen ist nämlich das Individuum als besonderes, einziges und unantastbares Wesen in der arabisch-muslimischen Gesellschaft nicht vorgesehen. Vorherrschaft hat der Clan, die Gemeinschaft, der Stamm. Der Islam versteht sich nicht nur als eine Religion, die letzte in der Reihe der Epiphanie, sondern auch als eine Moral und eine Nation, die alle Muslime auf der Welt umfasst. Diese «Umma islamia» stellt das Einzelindividuum hinter das Ganze zurück. Die Mörder in den Flugzeugen waren nur Schatten ihrer selbst, denen die wahre Menschlichkeit fehlte, solange sie mit ihrem Märtyrertum sich nicht den Weg in den Himmel verdienten. Nur: Sei er nun muslimischer, christlicher oder jüdischer Prägung, Gott wird – sollte er denn existieren – sie geradewegs in die Hölle schicken.

Politiker und Medien haben sich in den letzten Tagen bemüht, eine Gleichsetzung von Terrorismus, Islam und arabischer Welt zu verhindern. Leider werden aber viele Empfänger der massiven Informationsflut dem Hang nicht widerstehen, die einfachsten und lückenhaftesten Darstellungen aufzuschnappen. Und natürlich wird ein diffuser Verdacht an den arabischen beziehungsweise islamischen Gesichtern hängen bleiben, wird auf den Spuren des entsetzlichen Grauens vom 11. September sich halbbewusst irgendwie auch der ganze Islam in die Köpfe einschleichen. Man muss aber daran erinnern, dass die arabische und muslimische Bevölkerung durch die Tragödie ebenso schockiert war. Schließlich hat sie einige Erfahrung: In Algerien, Ägypten oder im Sudan sind etliche Unschuldige seit geraumer Zeit schon demselben Terrorismus erlegen. Kaum ein Tag vergeht, ohne dass harmlose Passanten in Algerien so genannten bewaffneten Islamisten unters Messer kommen.

Der Islam verurteilt ebenso wie die anderen monotheistischen Religionen unmissverständlich Mord und Selbstmord. Wie kann aber dennoch gerade der Islam als Rechtfertigung für so abscheuliche Verbrechen angeführt werden? Wie können die Taliban heute Amerika und dem Westen den Dschihad, den «Heiligen Krieg», erklären? Fanatismus zeichnet sich durch Kenntnismangel aus. Der algerische Anthropologe Malek Chebal nennt in seinem «Dictionnaire des symboles musulmans» (Albin Michel, Paris 1995) als erste Bedeutung des Wortes «Dschihad»: Anstrengung, Überwindung, Selbstüberwindung. «Der Prophet Mohammed», so schreibt er, «hatte verkündet, der wahre Kämpfer – al-Mudschahid – sei jemand, der gegen sich selbst in den Kampf ziehe und gegen seine eigenen Fehler, mit dem Ziel einer Vollendung des göttlichen Plans». Diese obskurantistische Sekte – denn nur als solche kann ich die Taliban verstehen – hat Jahrhunderte Verspätung auf die Geschichte und glaubt sich noch in einer Zeit, wo der Prophet Mohammed verfolgt wurde und nach Medina auswanderte. In dieser Stadt ist auch der Satz verkündet worden: «Geht im Kampf gegen die Anhänger der Vielgötterei aufs Ganze, wie sie euch aufs Ganze bekämpfen, und wisset: Gott ist mit jenen, die ihn fürchten.» (Surate IX, 36)

Dieser immense Rückstand auf die Geschichte, dieser barbarische Anachronismus und diese offen proklamierte Selbstmarginalisierung sind nur möglich, weil den Völkern Unrecht und Kränkung zugefügt wurde. Im Zustand von Not und Verzweiflung bietet der Islam Zuflucht: ein Versteck im Abseits, in dem man auf Angriff harrt. Doch selbst im Heiligen Krieg, der zur Zeit der Kreuzzüge noch Sinn hatte, heute aber völlig absurd ist, mahnte der Koran: «Verteidigung ist besser als Angriff, denn Friede ist ein Attribut des Himmels.» (Surate VI, 127)

Das Problem, das sich heute den arabischen und muslimischen Gesellschaften stellt, ist politischer, nicht religiöser Natur. Es geht darum, den Islam als Religion von der politischen Sphäre zu trennen, die sich allein auf Gesetzgebung und Gesetzeseinhaltung beruft. Zu diesem Bruch fehlt aber den meisten Verantwortungsträgern der entsprechenden Länder der Mut. Gesellschaftsreformen müssen durchgeführt werden, die das Auftreten des Individuums möglich machen. Eine neue Beziehung zwischen Bürger und Staat, öffentlicher und Privatsphäre, zwischen Begriff und faktischem Sein der Gesellschaft – kurz: eine Laiengesellschaft muss her unter strikter Achtung der jeweils persönlichen religiösen Überzeugung. Das verschüttete Selbstbewusstsein als unübertönbare Einzelstimme und freier Wille muss gehoben werden. Das wäre eines der besten Mittel, um Religionsfanatismus zu bekämpfen und den Anschluss an die Moderne zu finden.

Leider drücken zu viele Regierungen aber weiter die Augen zu vor dem, was in ihren Schulen, ihren Moscheen und an all den Orten vorgeht, wo ein ins Abseits eifernder Islam am Werk ist. Tunesien hat als eines der wenigen Länder seine Schulbücher vom überholten kämpferischen Kram entstaubt. In Ägypten oder Algerien, wo der Integrismus besonders bedrohlich aussieht, ist dieser erste Schritt des kulturpädagogischen Aufräumens noch kaum in Sicht. In der Grundschule muss aber anfangen, wer unsere Kinder vor Fanatismus schützen will.

Die Tragödie in Amerika bietet manchen Ländern eine Chance, endlich auf die Seite einer differenzierteren Einschätzung des Anderen, einer kulturellen Öffnung und auch kritischen Selbsteinschätzung zu treten. Den Weltmächten könnte sie Anlass sein, ihre Politik zu überdenken und die diversen Konfliktherde etwas weniger selbstbezüglich, selbstherrlich, selbstmächtig zu sehen. Das würde beispielsweise bedeuten, dass dem palästinensischen Volk entschiedener das Existenzrecht zugestanden wird und dass man die Bevölkerung des Irak, vielleicht demnächst Afghanistans, nicht doppelt bestraft dafür, dass sie schon mit ihren eigenen Herrschern gestraft ist.

Aus dem Französischen von Joseph Hanimann

Der in Marokko geborene Schriftsteller Tahar Ben Jelloun gilt international als der herausragendste Vertreter der französischsprachigen Literatur des Maghreb und ist einer der führenden arabischen Intellektuellen an der Seine. Er lebt in Paris und Marokko. Jüngste Veröffentlichung in Deutschland ist sein Buch «Papa, was ist ein Fremder?».

Hans Joachim Schädlich

Islamistische
Internationale

Die Analyse des Totalitarismus und der «politischen Religionen» hat genaue Unterscheidungen der «despotischen Regime des 20. Jahrhunderts – Kommunismus, Faschismus, Nationalsozialismus – nach Ort und Zeit, Herkunft und Wirkung, politischem und sozialem Profil» herausgearbeitet. Schließlich ist man nach dem Zusammenbruch des Kommunismus verstärkt der Frage nachgegangen, welche Gemeinsamkeiten zwischen Kommunismus und Nationalsozialismus zu finden sind. (*In: Totalitarismus und Politische Religionen. Konzepte des Diktaturvergleichs. Hg. von Hans Maier. Paderborn u. a. 1996, S. 233.*)

Hans Maier hat «spezifische Dimensionen des Nationalsozialismus und des Bolschewismus» genannt: «die absolute Entgrenzung der Gewalt und ihre ebenso absolute Rechtfertigung; die Existenz ‹politischer Feinde›, die ohne Schuld, einzig aufgrund ihrer Rassen- oder Klassenzugehörigkeit, wie Schädlinge vernichtet werden dürfen; die Bereitschaft vieler Menschen, alles, und sei es das Entsetzlichste, im Dienst der ‹neuen Zeit› zu tun; die Ablösung des Rechtsbewusstseins durch die Initiation in die Zwecke der Geschichte – und in alldem der unbeirrbare Glaube an die revolutionäre Notwendigkeit, welche der entfesselten Gewalt ihr erschreckend gutes Gewissen gibt» (op. cit., S. 250).

Die entsetzlichen Terrorakte in den USA am 11. September

2001, denen Tausende unschuldiger Menschen zum Opfer gefallen sind, werden dem islamischen Fundamentalismus zugeschrieben. Papst Johannes Paul II. hat am 24. September 2001 im überwiegend moslemischen Kasachstan «Respekt vor dem authentischen Islam» gefordert; einem religiös begründeten Terrorismus erteilte er eine eindeutige Absage.

Der islamische Fundamentalismus hat den «authentischen Islam» politisiert und zu einer Kampfideologie erhoben, Islamismus genannt. Ein «Handbuch des Terrorismus», das von der Organisation «al-Quaida» des Osama Bin Laden stammt, beschreibt das Ziel des Islamismus: «Umsturz der gottlosen Regierungen des Westens und ihre Ersetzung durch islamische Regierungen». Dieses Ziel soll durch den «Heiligen Krieg», den Dschihad, erreicht werden. Der Islamismus hat die Demokratie zu seinem Feind erklärt. Der Hass der Islamisten richtet sich vor allem gegen die USA und gegen Israel, den einzigen demokratischen Staat im Nahen Osten. Das beherrschende Kampfmittel des Islamismus ist der Terror. (Nach dem kanonischen Recht des «authentischen» Islam ist der Dschihad, dessen Ziel in der Ausdehnung der Herrschaft der islamischen Staats- und Gesellschaftsordnung besteht, sehr wohl eine religiöse Pflicht der Gesellschaft, nicht aber der einzelnen Gläubigen.)

Weist nicht auch der Islamismus Dimensionen auf, die Hans Maier als spezifisch für die totalitären Regime des Nationalsozialismus und des bolschewistischen Kommunismus genannt hat? Absolute Entgrenzung der Gewalt; Existenz «politischer Feinde», die wie Schädlinge vernichtet werden dürfen; die Bereitschaft vieler Menschen, das Entsetzlichste zu tun; Ablösung des Rechtsbewusstseins; unbeirrbarer Glaube. – Muss man den Islamismus nicht als eine weitere Ausprägung des Totalitarismus ansehen? Der Totalitarismus im 20. Jahrhundert wurde wesentlich durch den Kommunismus (unter dem Zeichen des Roten Sterns) und durch den Nationalsozialismus (unter dem Zeichen des Hakenkreuzes) verkörpert. Ist der Islamismus die Verkörperung des Totalitarismus im 21. Jahrhundert (unter welchem Zeichen?)?

Der Kommunismus und der Nationalsozialismus waren lokalisierbar (der Kommunismus ist es noch: Kuba, Nordkorea, Vietnam, China). Allerdings war der Kommunismus internationalisiert. Die im März 1919 in Moskau gegründete Kommunistische Internationale (Komintern) war eine kommunistische Weltpartei mit nationalen Sektionen (ihr Slogan lautete: «Proletarier aller Länder, vereinigt euch»), die das Ziel der Weltrevolution zur Errichtung der Diktatur des Proletariats verfolgte; die Führung lag beim Exekutivkomitee (EKKI) in Moskau. Der Islamismus besitzt eine internationalisierte Organisationsform, die nicht ohne weiteres staatlich lokalisierbar zu sein scheint. (Der Aufruf des Osama Bin Laden und des Taliban-Regimes zum «Heiligen Krieg» könnte nach kommunistischem Sprachmuster auch «Muslime aller Länder, vereinigt euch» lauten, wenngleich er vielleicht nur von den Islamisten gehört wird, wie ja der Slogan der Komintern vorwiegend von den Kommunisten unter den Proletariern der Welt vernommen wurde.)

In der Nachfolge von Raymond Aron («Demokratie und Totalitarismus») und Hannah Arendt («Elemente und Ursprünge totaler Herrschaft») hat Hans Maier (op. cit., S. 242 ff.) Parallelen zwischen totalitären Bewegungen und Religion dargelegt. Begreift man den Islamismus als totalitäre Bewegung, die auf der Politisierung und Instrumentalisierung des Islam fußt, so liefert der Islamismus geradezu ein Bild der Verschmelzung von totalitären und religiösen Dimensionen.

Der Zusammenfall von Politik und Religion selbst ist das

bestimmende Element des Islamismus. Als Attribute dieser totalitär-religiösen Bewegung können (entsprechend den Parallelen, die Hans Maier vorgetragen hat) folgende Erscheinungen angesehen werden: der Schrecken als konstitutives Element; das Prinzip «Ausgeschlossen ist, wer nicht ausdrücklich eingeschlossen ist» (Hannah Arendt); die Einflussnahme auf die private Sphäre des Einzelnen; Rituale, die die Zusammengehörigkeit erlebbar machen (die Massenversammlungen oder Aufmärsche vermummter, mit Maschinenpistolen bewaffneter Islamisten); Fiktionen von der Welt (die Fiktion von der «Gottlosigkeit des Westens», vom «Großen Satan» USA); das Heilsversprechen und der Heilbringer (den islamistischen Selbstmordattentätern wird der augenblickliche Eintritt ins Paradies versprochen; der britische Journalist Gwynne Roberts hat nach einem Interview mit Osama Bin Laden, das 1996 aufgenommen wurde, gesagt, Bin Laden sei ein «selbst ernannter Prophet»).

Nach den Terroranschlägen auf das World Trade Center und das Pentagon hat sich die Sprachregelung durchgesetzt, weltweit müsse der Kampf gegen den internationalen Terrorismus geführt werden. Es wäre zu sagen, dass der internationale Terrorismus vor allem der Terror des islamischen Fundamentalismus ist, der Islamismus genannt wird. Selbstverständlich ist das jedem Betrachter klar, aber man versteht, dass die Formel vom «internationalen Terrorismus» es möglich macht, eine Koalition gegen den Islamismus zu schließen, die auch arabische Staaten einschließt.

Der Kampf zwischen Demokratie und Totalitarismus, der das 20. Jahrhundert bestimmt hat, setzt sich im 21. Jahrhundert als Kampf zwischen Demokratie und Islamismus fort. Es wird auch im 21. Jahrhundert von besonderem Interesse sein, welche Rolle die Intellektuellen in den westlichen Demokratien spielen. Werden sie sich dem Totalitarismus feige unterwerfen, oder werden sie dem Totalitarismus widerstehen?

Hans Joachim Schädlich, 1935 in Reichenbach/Vogtland geboren, lebt als freier Schriftsteller in Berlin. Er wurde mit zahlreichen Preisen geehrt. Zuletzt erschien seine Erzählung «Gib ihm Sprache. Leben und Tod des Dichters Äsop».

Peter Schneider

«Verschon mein Haus, zünd andere an»

Nur wer das Böse anerkennt, wird es auch bekämpfen

Nun läuten sie wieder, die Weltuntergangsglöckchen. Besonders in Deutschland scheint das Unbegreifliche und Ungeheuerliche der Anschläge in New York und Washington einen Volksmarathon von Unglücks-Beschwörern und -Erklärern auszulösen. Es wimmelt von Experten, die uns im Nachhinein die Katastrophe des 11. September als eine lang erwartete oder gar logische Folge dieses oder jenes amerikanischen Verbrechens begreiflich machen wollen. Der Drang nach sofortiger Erklärung und Schuldzuweisung ist so übermächtig, dass er an die Stelle der Wahrnehmung tritt.

Die rituell versicherte Sprachlosigkeit – sie wird nicht lang ertragen. Im Fall der Gefahr scheint sich das Sprechen wieder auf seine atavistischen Ursprünge zu besinnen: Man versucht das Unbegreifliche zu bannen, indem man ihm einen handlichen Namen gibt und den bewährten Formeln der politischen Herleitung einpasst.

Zweifellos stellt die Terrorattacke auf New York und Washington D. C. eine neue Art des Verbrechens dar. Es ist nicht nur der fürchterliche Erfolg, sondern auch das Neuartige dieses Angriffs, das Angst macht. Tatsächlich fehlen ihm alle Merkmale, die einen herkömmlichen Terroranschlag oder eine «Kriegserklärung» auszeichnen – eine Forderung, ein klar benannter Adressat, ein identifizierbarer Urheber. Die Autoren haben den bisher bekannten Abscheulichkeiten aus dem

Fundus der Kriegsverbrechen eine veritable Erfindung hinzugefügt. Bis zum 11. September erschien es nicht vorstellbar, dass voll besetzte Passagiermaschinen als Bomben benutzt werden könnten – jeder Journalist oder Politiker, der vor einer solchen Möglichkeit gewarnt hätte, wäre als Paranoiker, Rassist oder Volksverhetzer verdächtigt worden.

Aber nicht nur die Entdeckung des Tatwerkzeugs ist neu. Es ist wohl das erste Mal in der Geschichte der Kriege, dass eine Tätergruppe Zivilisten aller Nationen, Hautfarben, Religionen zu militärischen «targets» erklärt. Bekanntlich sind die Angehörigen von mehr als 60 Nationen Opfer des Massakers geworden, darunter Hunderte von Muslimen. Das todeswürdige «Verbrechen», dessen all diese Menschen «schuldig» waren, war ihre schiere Anwesenheit. Der Umstand nämlich, dass sie sich am 11. September zwischen 9 und 10 Uhr im World Trade Center und in der Umgebung aufhielten. Der als pathetisch denunzierte Satz, die Autoren dieses Anschlags hätten der gesamten Menschheit den Krieg erklärt, erweist sich bei genauem Hinsehen als ziemlich realistisch.

Die große Mehrzahl der Deutschen hat mit Entsetzen und Empathie auf das beispiellose Massaker reagiert. Selten in den vergangenen Jahren hat eine Bundesregierung so genau den Ton für die aktuellen Gefühle und Sorgen ihrer Bürger getroffen wie Gerhard Schröder mit seiner Regierungserklärung zu den Anschlägen in den USA. Aber bereits wenige Tage nach dem Terrorangriff wurden, erst vereinzelt, dann immer häufiger, Risse in der Decke der «uneingeschränkten Solidarität» sichtbar. Das in Deutschland nie verstummende Hintergrundgeräusch der bösen Vorahnung wurde lauter, eine Art Schreck vor der eigenen Courage. Hatte man den Amerikanern nicht zu viel versprochen? Hatte man nicht zu starke Worte in den Mund genommen? Schon waren die altbekannten Alarmisten zur Stelle und warnten vor der Entstehung eines «Feindbildes» – ganz so, als wären es nicht wirkliche Feinde, die am 11. September in Manhattan und Washington D.C. zugeschlagen hatten. Und schon werden immer ungenierter vorausschauende Unterscheidungen getroffen: Der Anschlag habe keineswegs der zivilisierten Welt gegolten, sondern allein den USA.

Von hier aus ist es nicht mehr weit zu dem Schluss, «die Amerikaner» hätten sich den Angriff selbst zuzuschreiben, kurz: Die Opfer der Attacke seien am Ende die Täter. Fragt man nach, mit welchem ihrer zahllosen «Verbrechen» die Amerikaner das Inferno in Manhattan heraufbeschworen hätten, erhält man bereitwillig Auskunft: mit ihrer Nahost-Politik, mit ihrer Verachtung der islamischen Welt, mit der von ihnen angeführten Globalisierung und, ganz allgemein, mit ihrer Arroganz und ihrem pathologischen Unverständnis für die Leiden, die sie anderen Völkern zugefügt hätten.

Ich sage nicht, dass diese Einwände und Vorbehalte gegen die Politik der USA sämtlich falsch oder absurd seien. Absurd und niederträchtig ist es, das ungeheuerliche Terrorverbrechen in den USA mit Hilfe dieser Standardformeln aus dem Repertoire des Anti-Amerikanismus erklären (und irgendwie doch legitimieren) zu wollen. Es gehört schon ein erstaunliches Maß an Menschenverachtung und geistiger Brutalität dazu, den Opfern einer solchen Katastrophe nachzurufen, man bedaure natürlich zutiefst ihr Schicksal, aber ganz unverdient sei es nicht.

In einer Diskussionsveranstaltung im Berliner Haus der Kulturen der Welt erwies sich, dass die Verurteilung der USA entschieden deutlicher ausfiel als die der Terroristen, sodass der Schriftsteller Hans Christoph Buch das Publikum ungläubig fragte: Es kann doch wohl nicht sein, dass die angekündigte

Reaktion der USA – ein militärischer Gegenschlag – mehr Empörung auslöst als der Anschlag selbst!

Aus welchen Quellen sich dieser reflexhaft agierende Anti-Amerikanismus speist, kann hier nicht erörtert werden. Er ist keineswegs auf Deutschland beschränkt und hat vor allem in den nicht europäischen Ländern höchst nachvollziehbare, historische und aktuelle Ursachen. Mit dem deutschen, bei der Linken wie bei der Rechten verbreiteten Hass auf die USA verhält es sich komplizierter. Dieser Hass hat seine Wurzel eben gerade nicht in erlittenem Unrecht, sondern in einer Erfahrung der Befreiung. Was immer seine Gründe sind, auf das Auflodern dieses Hasses war Verlass, wann immer und gleichgültig aus welchem Anlass die Amerikaner zu den Waffen griffen. So war es während des ersten Golfkrieges, so war es während des Bosnien- und des Kosovo-Krieges, und so wird es nach dem ersten militärischen Schlag gegen den internationalen Terrorismus sein. Man muss kein Prophet sein, um vorauszusagen, dass sich die antiamerikanischen Affekte in dem Augenblick, da den deutschen Worten der Solidarität Taten folgen sollen, flächenbrandartig ausbreiten werden. Betroffene Mütter werden ihre Kinder mit Plakaten auf die Straße schicken: Wir wollen keinen Krieg! Die Ostermarschierer werden ihre aus dem Golfkrieg bekannten weißen Laken aus den Fenstern hängen. Die Grünen werden uns klar machen, dass die Mittel der Diplomatie nicht ausgeschöpft worden seien. Die Friedfertigen und Wohlmeinenden aller Konfessionen werden uns – in bekannter Geschichtsvergessenheit – mit der Mitteilung überraschen, dass mit Gewalt kein einziges Problem auf der Welt gelöst worden sei und man mit «der anderen Seite» reden müsse. Gemeinsam ist all den guten oder schlechten Argumenten, dass sie einem Fluchtimpuls gehorchen: Heiliger Sankt Florian, verschon mein (Hoch-)Haus, zünd andere an.

Aber noch etwas anderes fällt auf. All diese disparaten Lager scheinen sich in einem entscheidenden Punkt einig zu sein:
in der Überzeugung, dass jedes Übel auf der Welt auf soziale,
rational nachvollziehbare Ursachen zurückzuführen sei, die
man mit Geduld, gutem Zureden und mit Päckchenpacken lin-
dern könne.

Die These, die Wahnsinnstaten vom 11. September seien eine
logische Folge des seit Jahrzehnten schwelenden Nahost-Kon-
flikts, hält näherer Betrachtung nicht stand. Die Bomben-
anschläge auf die amerikanischen Botschaften in Nairobi und
Daressalam im Jahre 1998 fanden zu einer Zeit statt, als der in
Oslo initiierte Friedensprozess in bestem Gange war. Dass dieser Einigungsversuch im letzten Moment scheiterte, konnten
die Terroristen nicht absehen; sein Gelingen hätte sie ebenso
wenig von ihrem Vorhaben abgebracht wie sein Scheitern. Der
Plan, die beiden Türme des World Trade Center, das Pentagon
und das Weiße Haus durch lebende Bomben zu zerstören,
wurde Mitte der 90er Jahre entworfen und setzte jahrelange lo-
gistische Vorbereitungen voraus. Der Angriff hätte auch dann
stattgefunden, wenn Arafat und Barak einen Friedensvertrag
geschlossen hätten.

Das Unheimliche, das es zu begreifen gilt, ist die vollstän-
dige Verselbständigung dieses Terrors gegenüber allen politischen Anlässen, seine Gleichgültigkeit gegen die Welt und die
Zeitläufte. Wir haben es mit narzisstischen – technisch perfekt
ausgeführten und luziden – Wahnsinnstaten zu tun. Der Versuch, sie nachträglich durch die Zuweisung von nachvollzieh-
baren Ursachen zu erklären, läuft auf eine groteske Verharm-
losung hinaus. Folgte man dieser Logik, so hätte man der RAF
in Deutschland und den Brigate Rosse (Rote Brigaden) in
Italien mit einer Diskussion über die faschistoiden Strukturen
des «militärisch-industriellen Komplexes» und mit der Aus-

lieferung seiner Führungseliten begegnen müssen – statt mit Polizeigewalt. Den Nazis hätte man mit der Suche nach vernünftigen Gründen für ihren mörderischen Antisemitismus antworten müssen, etwa mit der Überlegung, ob 570 000 Juden in einem 80-Millionen-Volk nicht in der Tat zu viel seien.

Die christliche oder auch islamische Rede vom «Bösen» in der Welt ist solchen rationalistischen Beschwichtigungen entschieden überlegen. Denn die Anerkennung des Bösen – des antizivilisatorischen Wahnsinns – schließt die Aufforderung ein, sich dem Kampf mit ihm zu stellen.

Es ist absurd, aus der Ungeheuerlichkeit des Anschlags auf die Ungeheuerlichkeit der Verzweiflung der Täter zu schließen. Es trifft eben nicht zu, dass die islamistischen Massenmörder aus den Schichten der Ausgebeuteten und Entrechteten dieser Erde stammen. Die bisher identifizierten Saudis, Ägypter, Pakistani, Jemeniten gehören einer weltläufigen Elite an. Sie kommen aus privilegierten Familien, haben an arabischen oder westlichen Eliteschulen studiert, und sie waren auch nicht besonders fromm oder sozial, bevor sie ihren «Kick», ihre politisch-religiöse Bekehrung, erlebten. Aus Dostojewskis Roman «Dämonen» erfährt man mehr über solche Leute als aus den Talkshows. Wenn der Weltekel, das schlechte Gewissen und die Geltungssucht einer Elite sich mit einer geeigneten Befreiungs-Religion verbinden, wird offenbar jede, auch die unausdenklichste Abscheulichkeit zur realen Möglichkeit.

Nicht die Motive der Terroristen gilt es zu erforschen, sondern die Motive jener wachsenden Zahl von Muslimen, die sich durch solche Wahnsinnstaten irgendwie vertreten fühlen. Der Westen wird die Terroristen von ihren Sympathisanten nur isolieren können, wenn er deren legitime, weltliche Forderungen ernst nimmt. Die weltlichen Belange, sie lassen sich am Ende regeln. Hauptsache, die drei «einzigen» Götter werden von der Verhandlung ausgeschlossen.

Der Schriftsteller Peter Schneider lebt in Berlin. Zuletzt veröffentlichte er das Buch «‹Und wenn wir nur eine Stunde gewinnen …› Wie ein jüdischer Musiker die Nazi-Jahre überlebte». Neben seinem schriftstellerischen Werk publiziert er Essays in deutschen und amerikanischen Zeitungen, unter anderem in der «New York Times».

Richard Herzinger

Angriff auf das neue Babylon

Das antizivilisatorische Motiv des Terrors

Die Feststellung des deutschen Bundeskanzlers Gerhard Schröder, der terroristische Angriff auf die USA sei eine Kriegserklärung an die ganze zivilisierte Welt, ist keine leere Phrase. Die unvorstellbare Enthemmung, mit der die Attentäter mordeten und zerstörten, hat im Westen eine Erschütterung metaphysischen Ausmaßes bewirkt. Was, fragt man sich fassungslos, treibt Menschen dazu, mit einer solch grenzenlosen Verachtung für individuelles Leben Tausende Unbeteiligte bedenkenlos in den Tod zu reißen. Zu welch noch entsetzlicheren Untaten die Organisatoren dieses namenlosen Verbrechens fähig sind, lässt sich allein daran ermessen, dass sie für ihre Aktion an die zwei Dutzend ihrer Aktivisten als williges Kanonenfutter «verbrauchten».

Diese Vernichtungsorgie inszenierten die Terroristen nicht, um irgendein strategisch nachvollziehbares kriegerisches Ziel zu erreichen, sondern ausschließlich, um einen rein symbolischen Sieg zu erringen. Ihre ganze mörderische Energie richtete sich darauf, ein Bild zu erzeugen, das sich für immer in das kollektive Gedächtnis der Menschheit einbrennen sollte. Nicht von ungefähr kulminierte der Angriff in der Zerstörung des World Trade Center: Der Einsturz der riesigen Türme, die wie kein anderes Wahrzeichen für die fortschrittsorientierte, säkulare Lebensart der westlichen Welt standen, ruft im hoch entwickelten Westen archaische Muster apokalyptischer Endzeiterwartung wach. Dieser Effekt war von den Massenmördern zweifellos kalkuliert: Die Ungeheuerlichkeit – und die Anonymität – ihrer Tat lässt sie wie Sendboten einer unmenschlichen, überirdischen Gewalt erscheinen.

Apokalyptische Imago

Mehr denn je ist nun die Diskussion darüber entbrannt, ob der islamistische Extremismus in der Denkwelt des Islam selbst angelegt sei. So unsinnig es wäre, den Islam im Ganzen für eine solch exorbitante verbrecherische Energie verantwortlich zu machen, so wenig lässt sich doch bestreiten, dass die apokalyptische Vernichtungswut in Teilen der islamischen Welt derzeit den günstigsten Nährboden findet. Umso wichtiger ist es aber, sich zu vergegenwärtigen, dass die apokalyptische Imago in allen Kulturen eine bedeutende Rolle spielt. Die apokalyptische Bestrafungs- und Reinigungsphantasie ist namentlich dem abendländischen zivilisatorischen Bewusstsein von Anfang an eingeschrieben wie ein düsterer Subtext. Indem ihn die Attentäter wachriefen, wühlten sie Tiefenschichten des Selbstzweifels der westlichen Zivilisation auf und zielten auf eine Schwächung ihres Selbstbehauptungswillens.

Vordergründig galt der Angriff auf die USA der wirtschaftlichen und politischen Vorherrschaft der Führungsmacht der westlichen Welt und damit dem modernen Zivilisationstypus offener Gesellschaften. Doch dahinter verbirgt sich eine noch größere Dimension der Herausforderung. Indem er sich exemplarisch gegen die große Stadt und grundsätzlich gegen die Legitimität irdischen Rechts richtete, zielte der Angriff auf die Idee der Zivilisation schlechthin, wie sie uns aus uralten

Mythen und religiösen Überlieferungen entgegentritt. Zivilisation beginnt, wenn die Menschen aus den engen Banden der Bluts- und Stammesgemeinschaft heraustreten und ihrem Zusammenleben eine abstrakte rechtliche Form geben. Davon erzählt etwa Aischylos in seinen «Eumeniden»: Die Einsetzung des Areopags als oberster Gerichtsinstanz beendet den verheerenden Kreislauf der Blutrache und begründet die Herrschaft des Gesetzes als Fundament der Polis. Davon erzählt in anderer Weise auch das Alte Testament: Die Übergabe der göttlichen Gesetzestafeln an das auserwählte Volk verwandelt die jüdische Stammesgemeinschaft in die Vorhut einer einzigen Menschheit, die auf universelle Werte verpflichtet ist. Ebendieses Ziel einer universalistischen Zivilisation verfolgt auch der Islam.

Der Ort aber, an dem die Zivilisation lebendige Form annimmt, ist die Stadt. Dort treffen Fremde unterschiedlicher Abstammung aufeinander und müssen kulturelle Regelwerke schaffen, die von allen respektiert werden können. Aus den komplexen, arbeitsteiligen Beziehungen, die hier entstehen, entwickelt sich der Markt und die Geldwirtschaft. In allen Kulturen ist die Stadt Kern und Motor zivilisatorischer Entwicklung – gerade darum aber steht sie von Anfang an auch unter einem Generalverdacht. Ist ihre Existenz nicht ein unerhörter Bruch mit der natürlich vorbestimmten Lebensweise der Menschen? Reißt sie ihn nicht aus der symbiotischen Einheit der Gemeinschaft mit ihrem angestammten Boden, ist Haltlosigkeit und Ausschweifung nicht die unausweichliche Folge dieser Entwurzelung? Kurz, ist sie nicht Ausdruck und Nährboden einer ungeheuren Hybris, einer gotteslästerlichen Auflehnung gegen die ursprüngliche und ewige Ordnung der Welt? In der jüdisch-christlichen Überlieferung erscheint die Gründung der ersten Stadt gar als indirekte Folge des Verbrechens. Kain, der Brudermörder, wird von Gott dazu verurteilt, «unstet und flüchtig» durch die Welt zu ziehen; so wird er zum ersten Nomaden und schließlich zum Stadtgründer.

Aus den Städten entwickeln sich Metropolen und schließlich jene «Riesenstädte» der Hochzivilisation, die Oswald Spengler in seinem «Untergang des Abendlandes» bezichtigte, sie saugten dem umliegenden Land seine natürliche Lebenskraft aus. Die große Stadt ist schon von alters her die bevorzugte Zielscheibe apokalyptischer Untergangsphantasien. Sodom und Gomorra übereignet Gott wegen ihrer Ausschweifungen dem Feuertod. Das biblische Urbild der sündigen Stadt ist aber Babylon, das sein Selbstbewusstsein durch den Bau eines Turms manifestiert, «dessen Spitze bis an den Himmel reiche». Von dieser Demonstration menschlichen Erfindungsgeistes sah sich der Herr in seiner Autorität bedroht, weswegen er die Sprache der Babylonier verwirrte und sie in alle Länder zerstreute, so, «dass sie aufhören mussten, die Stadt zu bauen».

Die Apokalyptik prophezeit ein bevorstehendes, endzeitliches göttliches Strafgericht, in dessen Verlauf die Toten auferstehen, die Ungerechten zu Höllenqualen verurteilt und die Gerechten zur Seligkeit erhöht werden. Mit der Offenbarung des Johannes im Neuen Testament beginnt die Instrumentalisierung apokalyptischer Phantasien für realgeschichtliche Zwecke. Mit der «großen Hure» Babylon, deren Lasterhaftigkeit Johannes in grellsten Farben brandmarkt und deren Vernichtung dem Anbruch des Reichs Gottes vorangehen soll, ist eigentlich Rom gemeint, das Herz des heidnischen Imperiums, von dem die Welt befreit werden müsse. Johannes redet freilich noch in poetischen Gleichnissen, und das grausame Weltgericht bleibt noch allein dem Allmächtigen vorbehalten. Gleichwohl dient die Erwartung des erlösenden Weltenendes im Mittelalter – ob in den Kreuzzügen oder bei den Judenverfolgungen – als Rechtfertigung für Massenmord und als Anreiz zum eigenen Opfertod. Seine schlimmste Durchschlagskraft entfaltet die politische Funktionalisierung des apokalyptischen Bewusstseins aber, als sich politische Ideologen dazu ermächtigen, die Weltenreinigung selbst durchzuführen, und sich dabei moderner Technologie und einer zynischen instrumentellen Rationalität bedienen können. Hitlers Wahnbild vom «Tausendjährigen Reich» schöpfte ebenso aus apokalyptischen Motiven wie das Pathos der russischen Revolution – etwa, wenn Majakowski sie mit den Worten besang: «Wie einer zweiten Sintflut Verheerung / Waschen wir wieder die Städte der Welt.»

Die geschlossenen ideologischen Weltanschauungssysteme sind zerbröckelt, der apokalyptische Furor aber sucht sich neue Ausdrucksformen. Und in seinem Fadenkreuz bleibt vor allem die Stadt. Pol Pot begann seine mörderische Umerziehungsaktion gegen ein ganzes Volk mit der Entvölkerung der «dekadenten» Großstädte. In ähnlicher Weise praktizieren heute die Taliban in Afghanistan die Verwirklichung einer radikalen antizivilisatorischen Utopie: Das ist eine Welt ohne Bewegungsfreiheit für das Individuum – und in erster Linie ohne Rechte für die Frauen –, eine Welt ohne Musik, Luxus und Lachen, kurz: eine Welt ohne Städte. Die Mörder von New York und Washington sind nicht der bewaffnete Arm des Islam, sondern dieses Programms einer letztmöglichen Rücknahme menschlicher Zivilisationsentwicklung – Boten einer Gegenwelt, die den Tod anbetet. Im Verlauf des 20. Jahrhunderts hat Amerika mit seinen Megastädten die projektive Rolle der Weltmetropole des Bösen, den Part der «Hure Babylon» zugeschoben bekommen. Und in diesem paranoiden Gemälde nimmt wiederum New York eine Sonderstellung ein. New York, als das Weltzentrum nicht nur der internationalen Geldwirtschaft, sondern auch der Völker- und Rassenvermischung und einer lasziven intellektuellen Kultur, wird nicht nur von apokalyptischen Zivilisationskritikern unterschiedlichster Couleur in aller Welt, sondern auch von Teilen der amerikanischen Gesellschaft selbst als frevlerischer Fremdkörper und als Brutstätte kosmopolitischer Zersetzung bodenständiger Traditionen wahrgenommen. Ironischerweise treibt das apokalyptische – in diesem Fall christlich-fundamentalistische – Sektierertum in den Vereinigten Staaten selbst schauerliche Blüten. Viele der zum Teil gewaltbereiten Apokalyptiker sind davon überzeugt, dass die Vereinigten Staaten ein von «den Juden» und der Uno besetztes Land seien – deren Zentrale bekanntlich in New York steht.

Antiamerikanische Internationale

Der islamistische Extremismus treibt den Amerikahass derzeit auf die mörderische Spitze, doch sein Feindbild knüpft nahtlos an feststehende Vorurteile einer ideologisch und religiös breit gefächerten antiamerikanischen Internationale an. Es wäre falsch und demagogisch, jede radikale Amerikakritik mit den Perversionen des Terrorismus in Verbindung zu bringen. Doch auch in unseren Breitengraden wird bei der Verdammung der USA zu oft und zu bedenkenlos auf Klischees aus dem Bilderarsenal apokalyptischer Zivilisationskritik zurückgegriffen. All das schien nach dem Attentat freilich für einen Augenblick wie weggewischt. Dass sich Amerika plötzlich als verletzbares Opfer zeigte: Das ließ sich nicht mit einem Weltbild vereinbaren, in dem die USA die Rolle des Hauptverantwortlichen für alles Unglück auf dem Planeten spielen. Selbst rüdeste Amerikakritiker konnten sich einen Moment lang des Eindrucks nicht erwehren, dass der Terror ebenso uns und unserer eigenen freiheitlichen Lebensweise gegolten hat. Doch bald sind die Gefühle der Anteilnahme am Leid der Opfer und des Entsetzens über die wahnwitzige Kaltblütigkeit der Mörder der Furcht gewichen, von einer zu äußerster Wut gereizten Supermacht in einen Konflikt hineingezogen zu werden, bei dem man selbst Schaden nehmen könnte.

In Deutschland haben sich die Solidaritätskundgebungen für die amerikanischen Freunde unmerklich in Bittbekundungen an die amerikanische Regierung verwandelt, sie möge bei ihrem Gegenangriff doch um Gottes willen Vernunft und Augenmaß bewahren und die Verbrecher nicht noch zu weiteren Untaten provozieren.

Die ständige Wiederholung dieser Mahnung auf den Straßen, in Fernseh-Talkshows und in den Kirchen impliziert, dass man der US-Regierung zutraut, sie könne darauf aus sein, wahllos mindestens ebenso viele unschuldige Zivilisten umzubringen wie die Massenmörder von New York und Washington. Das lähmende Entsetzen über die neue Dimension des Terrors wird betäubt, indem man der US-Außenpolitik ihre tatsächlichen oder vermeintlichen Verbrechen und Versäumnisse der vergangenen Jahrzehnte vorrechnet und nach verborgenen politischen Motiven der Terroristen sucht – und den unfassbaren Mordtaten so indirekt doch noch einen rationalen Sinn zuschreiben kann.

Doch was immer die US-Regierung jemals falsch gemacht haben mag – kann das in irgendeiner Weise die grenzenlose Enthemmung erklären, mit der apokalyptische Fanatiker sich selbst und ungezählte Unbeteiligte ihrem Hass auf die lebendige Welt opferten? Nein, das ist ebenso wenig möglich, wie Auschwitz aus den Demütigungen abzuleiten ist, die Deutschland in seiner Geschichte, von der napoleonischen Besetzung bis zum Versailler Vertrag, von Seiten des Westens erlitten hat.

Dass sich Amerika, das man ebendeshalb bedenkenlos mit Vorwürfen jeder Art überschütten zu können glaubte, weil man es für unverletzlich hielt, im Angesicht des Terrors schwach und ratlos zeigte, verunsichert das Weltbild vieler Intellektueller diesseits und jenseits des Atlantiks. Deshalb versuchen sie, es so schnell wie möglich zu restabilisieren. Glaubt man zum Beispiel der Schriftstellerin Susan Sontag, haben sich die Amerikaner das Unheil, das über sie gekommen ist, letztlich selbst zuzuschreiben: räche sich jetzt doch ihre Ignoranz gegenüber dem Elend der Welt.

Deutsche «Islamexperten» wie Peter Scholl-Latour schlagen dankbar in diese Kerbe und werden nicht müde, den «Dilettantismus» der amerikanischen Außenpolitik zu geißeln. Indem sie den Eindruck erwecken, durch eine bessere Politik könnten die USA für die Lösung noch der komplexesten Probleme auch in den entlegensten Weltregionen sorgen, reproduzieren sie ebenjene Allmachtsphantasien, die sie den Amerikanern sonst bei jeder Gelegenheit vorhalten. In der Talkrunde rät ein anderer Islamkenner, die westlichen Gesellschaften sollten jetzt von ihrem übertriebenen Individualismus ablassen und vom Gemeinschaftssinn der muslimischen Welt lernen. In deutschen Feuilletons wird mittlerweile über die Frage reflektiert, ob der Bau von Hochhäusern in Zukunft moralisch und ökologisch noch zu verantworten sei. So wird aus dem monströsen Anschlag eine Art Menetekel, eine letzte Warnung, die uns zu zivilisatorischer Umkehr ruft. Manchem Linksliberalen scheinen jetzt plötzlich die kulturkonservativen Thesen von Botho Strauss einzuleuchten, der in seinem Pamphlet «Anschwellender Bocksgesang» der hybriden, sinnentleerten Konsum- und Spaßgesellschaft des Westens schon vor Jahren den selbst verdienten Untergang durch den Einbruch archaischer Gewalt geweissagt hatte.

Nein, Amerika darf eben einfach nicht Opfer sein, es muss indirekt wieder zum Täter erklärt werden. Denn diese Weltsicht hat, wie sich jetzt zeigt, für weite Teile der Öffentlichkeit eine unabdingbare orientierungsstiftende Funktion. Wenn man Amerika als Verantwortlichen ausgemacht hat, muss man sich nicht mehr so sehr vor den unabsehbaren und unabwägbaren Bedrohungen einer gewalttätigen Welt fürchten. Was immer dann passiert, man hat es ja eigentlich schon gewusst. Dass diese Glaubenssicherheit eine höchst trügerische ist, lässt sich freilich immer schwerer verdrängen. Die europäische Wahrnehmung, die gerade in jüngster Zeit eine zunehmende politische und kulturelle Entfernung von den Vereinigten Staaten zu registrieren glaubte, könnte durch den 11. September 2001 nämlich nachhaltig verändert werden. Die traumatischen Schläge dieses Tages machten deutlich, wie groß die politische, wirtschaftliche und zivilisatorische Nähe zwischen Europa und Amerika in Wirklichkeit ist. Aber sie machen auch schockartig bewusst, dass es dem Westen unmöglich ist, sich vom Rest der Welt zu isolieren und dessen Probleme zu ignorieren. Diejenigen, die als Reaktion auf die jüngsten Ereignisse zur Abschottung und zur Einschränkung von Freiheitsrechten aufrufen, sitzen einem verhängnisvollen Irrtum auf. Die tödliche Gefahr des apokalyptischen Zivilisationsmordes kommt nicht von weit her. Sie geht nicht von einem exzentrischen Feind «da draußen» aus. Sie lauert im Inneren der einen Weltzivilisation. Das Amerika, das es jetzt gegen diese universelle Bedrohung zu verteidigen gilt, steht synonym für den Entwurf einer weltoffenen, freiheitlichen Gesellschaft.

Der Publizist und Buchautor Richard Herzinger lebt in Berlin. Soeben ist sein neues Buch «Republik ohne Mitte. Ein politischer Essay» erschienen.

Wolfgang Schmidbauer

Amoklauf ins Paradies

Zum psychohistorischen Hintergrund der
Selbstmordattentate

Ein Mörder, der sich selbst tötet, hinterlässt in uns eine Leere.
Er maßt sich nicht nur an, Richter und Henker derer zu sein,
die er tötet, sondern er entzieht sich unserem Urteil, unserem
Recht, unserem Wunsch, etwas von seiner Tat zu begreifen und
uns mit ihm auseinander zu setzen. Mehr als sein eigener Richter ist er sein eigener Erlöser; wir aber, Zeugen seiner Tat, bleiben unerlöst und mit allen unbeantworteten Fragen zurück.

Wie können wir ihn verstehen? Geht es darum, eine besonders gewaltbereite Form der Religion zu identifizieren,
eine neuartige, persönliche Pathologie, einen genetischen
Defekt, eine Form der Gehirnwäsche, durch die junge Männer
zu Killermaschinen trainiert werden?

Die Forschungs- und Aufklärungsarbeit, die jetzt beginnt,
wird erweisen, dass die Täter nicht alle vom selben Typus sind
und dass wir mehrere Motive berücksichtigen müssen, wenn
wir sie verstehen wollen. Zusätzlich müssen wir daran denken,
dass unser Blick getrübt ist. Die von diesen Tätern geschaffene
Leere füllen wir zwangsläufig mit eigenen Phantasien, mit
Erinnerungen, mit Mythen aus der Geschichte oder aus den
Medien.

Eine dieser Erinnerungen sind die Kamikaze-Piloten, welche
die Japaner angesichts der drohenden Niederlage im Jahr 1944

einsetzten, eine andere die Assassinen, ein geheimnisvoller Mörder-Orden, der zur Zeit der Kreuzzüge die Feinde einer islamischen – genauer einer ismaelitischen – Sekte mit Hilfe von todessüchtigen Killern bedrohte.

Die Kamikaze-Piloten kämpften in einem erklärten Krieg gegen militärische Ziele. Während jeder Kampfpilot den Tod riskiert, suchten sie ihn. Sie kämpften offen, in einer makabren Steigerung militärischer Tugenden. Was uns heute am Krieg zwischen den USA und Japan noch bewegt und schaudern lässt, sind weniger die Kamikaze-Piloten als die Atombomben. Vielleicht ist es auch die Verstrickung, das bedrohliche Geflecht militärischer Interaktionen, in denen jede Seite die Unnachgiebigkeit und Grausamkeit des Gegners benutzt, um die eigene Haltung zu rechtfertigen.

Am Vergleich mit den Assassinen zieht uns an, dass sie zu einer Sekte gehörten, dass sie heimlich agierten, sich verkleidet zu den Feinden ihres Herrn schlichen und den eigenen Tod eher suchten als scheuten, um ihren Mordauftrag zu erfüllen.

«Assassin» ist inzwischen das französische Wort für Killer, und nur die Experten wissen noch, dass es sich von «Hashishin» herleitet – Haschischesser. Die Droge spielte eine wichtige Rolle in der Vorbereitung der Mörder.

Die Ausbildung der Kamikaze-Piloten wurde vor allem durch die japanische Pflicht-Ideologie geprägt (deren «bis in den Tod» durch das Harakiri-Ritual der Samurai unterstrichen wird). Drogen spielten hier keine große Rolle, die Begeisterung musste genügen.

Die Assassinen waren straff organisiert; an ihrer Spitze stand der Sheik-al-Jabal, der Herr (oder Alte) vom Berge, unter ihm drei Großmeister, welche die drei Ordensprovinzen zwischen Syrien und Persien regierten. Unter diesen standen Prioren, welche in alle Geheimnisse eingeweiht waren, predigten, Anhänger anwarben und ausbildeten. Die gefürchtete Gruppe der Fedais («die sich weihen») waren junge Männer, die aus einer großen Menge von Rekruten ausgewählt und in blindem Gehorsam geübt wurden. Die besten von ihnen erhielten Haschisch und wurden in die prachtvollen Gärten des Sheiks geführt, wo alles aufgeboten war, was der Orient an Befriedigungen kennt und wovon auch der Koran schwärmt. Diese Befriedigungen, so das Versprechen, würden ihnen für immer zuteil, wenn sie den Mordauftrag durchführten. Aus dem Rausch erwacht, glaubten die Männer, im Paradies gewesen zu sein, und setzten künftig ihr Leben für den Alten ein, der die Möglichkeit hatte, sie wieder dorthin zu bringen.

Wir wissen nicht genau, wie viel an diesen Berichten wahr ist. Alle Berichte über die Assassinen tragen die Spuren des Entsetzens über die Bedenkenlosigkeit, mit der hier der politische Mord eingesetzt wurde. Den Ordensgründer Hassan, der die Festung Alamut in Persien besetzte und eine Abwandlung der ismaelitischen Sekte gründete, hat es sicher gegeben, ebenso die von ihm gegründete Dynastie. Ob jedoch die Berichte von einer Geheimgesellschaft, die nach außen den Koran predigte, nach innen aber eine amoralische Machtpolitik betrieb und über die Gebote des Propheten lachte, Wahrheit sind oder tendenziöse Erfindung, das wissen wir nicht.

Die von Hassan begründete Dynastie hielt sich von 1090, als er die Feste Alamut eroberte, bis 1256, als die Mongolen den letzten Sheik Rukneddin gefangen nahmen, der erst ein Jahr vorher durch die bei den Assassinen übliche Weise an die Macht gekommen war: Er ließ seinen Vater Ala-ed-din ermorden. Mangu Khan behandelte den Leiter des Ordens zunächst gut. Als er sich aber als nicht loyal erwies, ließ ihn der Khan hinrichten und vernichtete alle Mitglieder der Assassinen in

Persien, angeblich über zwölftausend Menschen. Marco Polo (1254–1324), der auf seinem Weg in den Fernen Osten Persien durchreiste, berichtet, dass der Führer der Assassinen, der Alte vom Berg, in einem befestigten Tal einen wunderbaren Garten mit seltenen Früchten angelegt hatte. Aber er hat diesen Garten nicht gesehen; damals hatten die Mongolen längst die Macht übernommen.

Historiker vermuten, dass der 1118 gegründete Templerorden in der Organisation den Assassinen nachgebildet wurde und einige ihrer Symbole übernommen hat. Auch den Templern wurde unterstellt, dass ihre Frömmigkeit zynisch war: Das Volk sollte an den Katechismus glauben; die Eingeweihten standen über ihm. Auch hier ist nicht klar, ob diese Unterstellungen von den Gegnern des Ordens erfunden wurden oder einen realen Kern haben.

Der Alte vom Berge ist ein Mythos mit einem geschichtlichen Kern. Aber wir brauchen keinen Mythos, um das Muster von dem alten Mann zu erkennen, der bedenkenlos viele junge Männer in den Tod schickt. In allen Kriegen geben bejahrte Generäle aus sicheren, bequemen Räumen jungen Männern Befehle, ihr Leben zu opfern. Das Muster der Assassinen scheint auch für die Attentäter zu gelten. Es sind junge Männer, aber sie sind sorgfältig ausgewählt. Sie wissen um ihren Auftrag und haben die Intelligenz, körperliche Fitness und innere Disziplin, ihn durchzuführen. Sie sind Werkzeuge. «Pferde Allahs» nennt Bin Laden in einer seiner Ansprachen diese Krieger. Sie tragen eine Last, die ein charismatischer Führer ihnen in Gottes Namen auflädt. Der Führer selbst ist meist weniger bereit, diese Last zu tragen.

Was uns ebenfalls an die Assassinen denken lässt, ist die Heimtücke, die Unmöglichkeit, den Mörder in seiner Befehlskette zu sehen, ihn mit ihrer Hilfe einzuordnen. Wenn die gescheiterten Geheimdienste das jetzt mit der Mystifizierung von Bin Laden nachholen, wenden viele Experten glaubwürdig ein, dass es in diesem modernen Geheimorden keine straffe Hierarchie mehr gibt. Aber angesichts einer ungreifbaren Bedrohung greifen wir nach spinnwebenzarten Zusammenhängen.

«Stellen Sie sich vor, Sie sitzen in einer Sauna, es ist sehr heiß, aber Sie wissen, dass es nebenan ein Zimmer gibt, mit Klimaanlage, einem bequemen Sessel, klassischer Musik und einem Drink. Also gehen Sie ganz einfach dorthin. So würde ich einem Menschen aus dem Westen erklären, was in der Seele eines Märtyrers vorgeht.» Diese Antwort auf die Frage eines Journalisten, was im Kopf eines Selbstmordattentäters vorgehe, stammt von Sayed Hassan Nasrallah, einem ehemaligen Kommandeur der Hisbollah im Südlibanon, der selbst solche Täter rekrutiert hatte. Diese Aussage ist gut erfunden. Sie hat ihren Zweck erreicht, wenn sie Angst vor einem grenzenlos Unheimlichen weckt. Alle frommen Muslime, die ich unter anderem bei meinen Aufenthalten im Jemen befragte, nannten diese Attentäter entschieden «crazy people». Der angebliche Gegensatz zwischen den Menschen des Westens und den Menschen des Ostens ist in diesem Punkt konstruiert; der durchschnittliche Mensch des Ostens hält solche Täter für ebenso gestört, wie es der durchschnittliche Mensch des Westens tut.

Die Assassinen-Sage zeigt, dass es nicht ganz ohne Hilfsmittel geht, wenn die Alten vom Berge junge Männer auf ihre Selbstmordmission schicken. Aber was ist die Droge, die ihnen heute gegeben wird? Ist es der Ruhm? Die Unsterblichkeit in den Medien, welche die im Koran verheißene Unsterblichkeit der Märtyrer im heiligen Krieg leibhaftiger macht wie der Haschischrausch die Vision vom Paradies?

Alle bisherigen Erkenntnisse sprechen dafür, dass es sich bei den Attentätern um Personen handelt, die keine auffällige psychische Pathologie haben und keinen angeborenen Defekt aufweisen. Ob sie gläubig in dem Sinn sind, dass sie sich leidenschaftlich für Religion interessieren, sich in mystische Inspirationen vertiefen, sich Gedanken über ihre Beziehung zu Gott machen? Sie wirken jedenfalls nicht so. Nachweisbar ist eher ihre Faszination durch die moderne Technik, sind ihre Fertigkeiten im Umgang mit Waffen und Sprengstoff. Ist das ein Interesse im frommen Auftrag? Oder ein wesentlicher Aspekt ihrer Motivation?

Jede Glaubensgemeinschaft neigt dazu, ihre eigenen Überzeugungen für die besten zu halten. Wenn sie dazu noch groß ist und sich schnell ausbreitet, wächst ihr Selbstgefühl. Wenn sie hingegen Niederlagen erleidet, sind die Gläubigen in diesem Selbstgefühl verletzt und suchen nach Möglichkeiten, es wiederherzustellen.

Im Zusammenprall unterschiedlicher Kulturen haben sich schon viele bizarre und ergreifende Szenen abgespielt. Sie beleuchten Versuche, ein geschwächtes religiöses Selbstgefühl wiederherzustellen. Ein Beispiel sind die so genannten Cargo-Kulte in Neuguinea. Sie wurden an verschiedenen Orten beobachtet und waren äußerst lästig für die Kolonialverwaltungen.

Ihr Inhalt war, dass ein Prophet einen für kürzere oder längere Zeit erfolgreichen Kult einführte, der chiliastische, animistische und magische Elemente mischte. Er predigte das Folgende: Die Weißen hatten durch irgendeine Kriegslist die Ahnen dazu gebracht, die kostbaren Güter der Zivilisation (das Cargo) den Europäern zu überlassen und ihre eigenen Kinder zu übergehen. Wenn die Gläubigen nun die richtigen Beschwörungen und Rituale fanden, würden die Ahnen ihre

Fehler erkennen und den Eingeborenen das zukommen lassen, was ihnen zustand.

So entstanden mitten im Busch bizarre Kopien von Flugplätzen und Flugzeugen aus Zweigen und Laub, Landebahnen wurden gerodet und beschwörende Signale zu den realen Flugzeugen emporgesandt. Immer verweigerten die Anhänger, auf den Plantagen der Kolonialherren weiterzuarbeiten; das war ein Delikt, denn damals wurden viele Eingeborene als Kontraktarbeiter ausgebeutet. Manchmal wurden Extremisten dieser Kulte rabiat und plünderten ein Lagerhaus; schließlich gehörte alles, was es dort gab, eigentlich ihnen. Dann schritt die Polizei ein und nahm die Rädelsführer fest.

Die Cargo-Kulte gehören in die Geschichte der interkulturellen Beziehungen. Sie verraten, dass das religiös formulierte Selbstgefühl ganzer Kulturen erschüttert wird, wenn eine fremde Kultur mächtigere Waffen und begehrtere Güter erfunden hat und nun dieses Prestige missbraucht, um die Eingeborenen auszunützen. Die technische Zivilisation ist wohl ebenso sehr durch das Christentum wie durch dessen Modernisierung und Verwissenschaftlichung geprägt. Auch im Westen gab und gibt es viele Fromme, die diesen Entwicklungen mit höchstem Misstrauen begegnen; selten greifen sie zu Terror. Unmöglich ist das aber nicht, vor allem in den USA gibt es entsprechende Attentate (wie in Oklahoma), und es gibt Fanatiker, die mit «christlichen» Argumenten Abtreibungsärzte erschießen.

Allerdings: Wie wäre es, wenn eine Macht mit einer anderen religiösen Tradition unsere Rohstoffquellen kontrolliert und unsere heiligen Stätten antastet? Wenn der deutsche Wald von einem arabisch kontrollierten Konzern abgeholzt würde und Rom von einer Bewegung besetzt, die ihre Rechte auf die Etrusker zurückführt, die dort einmal unterdrückt und vertrieben wurden?

Der komplexe wirtschaftliche Zusammenhang einer Industriegesellschaft ist schwer zu verstehen, die Überlegenheit einer Maschinenwaffe gegenüber einem Vorderlader, eines Autos gegenüber einem Esel leicht. Die wirtschaftlich und technisch mächtigen Länder waren lange Zeit mehr an der Ausbeutung als an der Entwicklung der armen Länder interessiert. Das ist der Nährboden eines Hasses, dessen selbstmörderische Neigungen verständlicher werden, wenn wir die vielen Demütigungen einer großen und mächtigen Glaubensgemeinschaft erkennen. Der Islam verstand sich viele Jahrhunderte lang zu Recht als Friedensstifter und Kulturbringer in Arabien, Asien, Afrika und Europa. Die islamische Kultur ist unendlich reich und war ein halbes Jahrtausend die wahre Erbin des römischen Reiches im Osten.

Der islamische Fundamentalismus entstand, nicht unähnlich der Bewegung Mussolinis und Hitlers, aus den Kränkungen einer Niederlage und aus einer Reihe von den Siegern diktierter Friedensschlüsse. Mussolini griff auf das römische Reich zurück, Hitler auf die Mythen der Arier und Germanen. Die Fundamentalisten bewegen sich geistig in der Zeit Mohammeds. Wie Hitler und Mussolini sind sie nicht originell, aber tatkräftig; sie haben keine neuen Ideen, aber eine neue Rücksichtslosigkeit, für ihre Überzeugungen zu kämpfen. Indem die Mächtigen in den islamischen Ländern versuchten, mit den christlichen Ländern zu verhandeln und ihre Staaten vorsichtig zu modernisieren, schufen sie die Gefahr, dass die ihres Stolzes und ihrer Kultur beraubten Massen anfällig wurden für Demagogen, denen das Wohl der Massen weit weniger am Herzen liegt als ihre eigene Macht. Korruption und Ausbeutung durch die neuen Eliten taten das ihre.

Die neuen Assassinen sind aber nicht nur durch jenen

Fanatismus geprägt, der aus einer heftigen narzisstischen Kränkung stammt. Der Westen hat in vielen Situationen die Schwäche der islamischen Staaten rücksichtslos ausgenützt; die Gründung des Staates Israel und die großen militärischen Erfolge dieses kleinen Landes haben zusätzliche Spannungen ausgelöst. Niemand ist mehr so weise wie Lessings Nathan, der die drei großen Religionen gleichberechtigt anerkennen will.

Das aggressive Potenzial aller Religionen ist beträchtlich, und diejenigen, die am lautesten den Frieden predigen, werden durch semantische Kunstgriffe besonders mörderisch. Einer davon ist die der heiligen Inquisition zugrunde gelegte Lehre, dass es frömmer ist, den Ketzer zu foltern und hinzurichten, als ihn gewähren zu lassen. Denn wenn er seinen Irrtum einsieht, kommt er ins Paradies, lässt man ihn hingegen in Frieden leben und sterben, ist ihm die ewige Verdammnis sicher.

Heute wird kaum ein Christ noch so denken. Aber wir hatten fast zweitausend Jahre Zeit dazu, und solange der Fortschrittsglauben im technikfaszinierten Europa und Amerika ungebrochen war, konnten wir uns diese Toleranz auch leisten. Wenn wir hingegen die Demütigungen und Verwirrungen betrachten, die unsere islamischen Nachbarn in den letzten Jahrhunderten erdulden mussten, sollte es uns eigentlich wundern, wie mäßig, einsichtsvoll und geduldig die große Mehrheit der Muslime mit uns umgegangen ist, wie ergreifend sie versucht haben, von uns zu lernen und wie sie trotzdem weiter enttäuscht wurden. Jetzt, sehr spät, sehr brutal, getragen von einer winzigen Minderheit todesmutiger Fanatiker, haben uns einige Nadelstiche getroffen.

Nadelstiche? Wenn wir sehen, wie viel Grausamkeit und Unrecht in der Welt geschieht, wie in Afrika und im Irak Millionen Unschuldige Machtkonflikten geopfert werden, die sie nicht verstehen und nicht verändern können, dann traf

New York ein Nadelstich. Aber wenn der Nadelstich einen großen, geblähten Ballon trifft, dann sind die Folgen nicht abzusehen. Sie reichen weit über die Ursache hinaus.

Dieser geblähte Ballon ist unsere Vorstellung, dass wir wegen unserer technischen Überlegenheit nicht nur geachtet, bewundert und nachgeahmt werden, sondern auch geliebt. Und diese Vorstellung ist am 11. September 2001 geplatzt. Nicht weil wir den Hass erst jetzt wahrnehmen; wir wussten schon von ihm. Sondern weil wir erkennen, dass dieser Hass mörderisch ist und keine Bedenken hat, alle unsere Modernisierungen aufzugreifen und auszunützen.

Deshalb sprechen die Politiker wie die Papageien alle vom Krieg gegen unsere Zivilisation und nicht von einem kriminellen Akt, gegen den wir uns mit allen polizeilichen und politischen Mitteln wehren müssen, der aber keinen Krieg, keinen Feld- oder Kreuzzug fundieren kann.

Zu den Gründungsmythen Israels gehört die Gestalt von David, der mit einem glatten Kiesel aus seiner Hirtentasche den gepanzerten Riesen Goliath besiegt. Aber heute haben die Palästinenser und ihre Verbündeten den Juden diese Rolle genommen. Sie machen ihre Armut zur Waffe. Doch reichen diese Vorgänge aus, um die Selbstmordattentate zu erklären? Ich kann das nicht glauben. In ihnen liegt eine hochmoderne und gerade deshalb extrem beunruhigende Qualität. Diese Wendung des menschlichen Verhaltens ist ohne die Veränderungen unserer Psyche durch die moderne Technik nicht zu erklären.

Explosionsmotoren sind in Mitteleuropa ein selbstverständlicher Teil des Alltags. Wer neben einem Motorradfahrer steht, der seinen Motor aufheulen lässt, wird vielleicht spüren, wie aggressiv solche Maschinen sind, und sich kurz wünschen, dass ihre Fahrer für diese Geschosse etwas wie einen Waffenschein beantragen müssten. Aber die meisten von uns haben sich völlig an solche technischen Möglichkeiten gewöhnt, auch an ihren hohen Blutzoll, der bisher die Gefahren des Terrorismus weit in den Schatten stellt. Der bei weitem verlustreichste «Krieg» der letzten Jahrzehnte tobt auf den Straßen; er wird mit Explosionsmotoren ausgetragen.

Wer keinen Explosionsmotor hat, wünscht ihn sich und bewundert jene, die ihn besitzen; das gilt am Amazonas ebenso wie am Nil, in Indien genauso wie in China, in den Slums von Mexiko ebenso wie auf deutschen Schulhöfen. Die Macht über Explosionen wurde in den letzten Jahrzehnten zu einem Bestandteil des Alltags und zum Ritual des Erwachsenwerdens.

Diese Macht über Explosionen hat selbst explosive Qualitäten; sie stimuliert die narzisstische Grandiosität der Individuen und ihre Regression auf primitive narzisstische Mechanismen. Die Entwicklung beginnt beim scheinbar Harmlos-Alltäglichen, bei den Explosionsmotoren der Fahrzeuge. Sie schreitet fort zu den gezielten, tödlichen Explosionen von Schusswaffen bis hin zur alles im Umkreis vernichtenden Explosion einer Bombe.

Im 21. Jahrhundert erschüttert eine neue Gestalt unser Bewusstsein. Es ist ein Mann, der sich der Explosion nicht allein bemächtigt, sie nicht nur beherrschen will, sondern der sich mit ihr identifiziert. Er ist bereit, mit ihr zu verschmelzen, wohl wissend, dass sich sein Körper in ihr auflöst und seine bisherige seelische Kontinuität zerreißt.

Viele werden sagen, dass dieser Schritt nur Menschen möglich ist, die von einem tiefen religiösen Glauben getragen sind, Märtyrern, die bereit sind, für ihre Überzeugung zu sterben. Mir reichen diese Erklärungen nicht. Wie kann es denn geschehen, dass die Täter tief in das technische Denken Europas eindrangen, dass sie eine Menge Wissen über unsere Rationalität ansammeln konnten und dann doch so handelten, als sei ihnen ihr Tod gleichgültig?

In einer von Videospielen, Actionfilmen, Computern, Schusswaffen und Explosionsmotoren geprägten seelischen Welt sind narzisstische Störungen entstanden, die ihrerseits dem Selbstmordattentat entgegenkommen. Dylan Klebold und Eric Harris, die vor zwei Jahren in Littleton, Colorado, zwölf Mitschüler und einen Lehrer erschossen, planten ebenfalls, diesen Tag ihres Amoklaufs damit zu beschließen, ein Düsenflugzeug zu kapern und es in das World Trade Center zu lenken. In den USA mehren sich Berichte über Amokläufer, die im Dienst ihrer Selbstgerechtigkeit möglichst viele Menschen abschlachten – bis zur Tat waren diese Menschen angepasste, gesetzestreue Bürger.

Der Apotheker und Spekulant Mark O. Barton, ein Vierundvierzigjähriger, erschoss in Atlanta, Bundesstaat Georgia, seine Frau und seine Kinder. Er hinterließ einen Zettel, auf den er sinngemäß schrieb, er wolle ihnen ein Weiterleben in dieser miesen Welt ersparen. Dann packte er zwei Faustfeuerwaffen ein und tötete neun Menschen.

Die Opfer waren «Daytrader», die in den USA Computerterminals zur Miete anbieten, mit deren Hilfe ihre Kunden an der Börse spekulieren können. Offensichtlich fühlte sich Barton von ihnen betrogen und ausgenützt.

Alle diese Täter hatten viele Stunden ihres Lebens vor Bildschirmen verbracht. Amoklauf als Computerspiel? Eine Art Entgrenzung, ein Verlust des Realitätsbezugs geht der körperlichen Auflösung in der Explosion voraus. Der Tod anderer, der eigene Tod entfernen sich von allen vitalen, kreatürlichen Ängsten ebenso weit wie von den vernünftigen Bedenken und der schlichten Moral, anderen nichts anzutun. Alles und alle lösen sich auf, und das ist auch gut so. Der Tod ist die Heimat eines verstörten Ichs.

Ein New Yorker, dem es das Leben rettete, dass er sich auf dem Weg in sein Büro im World Trade Center verspätete, hielt den Aufprall des Flugzeugs auf die Glasfront zuerst für den genial gemachten Stunt für eine Filmproduktion. Erst nach geraumer Zeit nahm er wahr, dass um ihn herum wirkliche Menschen starben.

Seine Psyche ist denselben Veränderungen unterworfen, die im Cockpit der Boeing das Verhalten der Täter ermöglichen. Die virtuelle Realität ist etwas zwischen Phantasie und Wirklichkeit, sozusagen eine technisch gestützte Phantasie oder eine künstliche Realität, jedenfalls ein Zustand, in dem die Grenzen zwischen wirklichen und simulierten Ereignissen durchlässig werden.

Wenn wir mit Tempo 200 über die Autobahn fahren, fühlen wir uns wohl und entspannt in einem System, das extrem gefährlich für uns und für andere ist. Die Technik erzeugt eine Situation, in der wir regredieren und narzisstische Phantasien von Allmacht und absoluter Sicherheit einen größeren Raum in uns einnehmen, als es unser kritischer Verstand wahrhaben möchte. Motoren und Servoaggregate arbeiten für uns, wir sind unbeschränkte Herrscher, uns kann nichts geschehen. Kein Autofahrer stellt sich vor, wie seine Knochen brechen und Glas oder Stahl in seinen Körper dringen.

Kreatürliche Angst wird durch die Faszination der Macht übertölpelt. Wer eine mächtige Maschine steuert, wird in jener Sparte seiner Größenideen bestätigt, die mit Unzerstörbarkeits- und Unsterblichkeitsphantasien zusammenhängen. Zum Harakiri, dem rituellen Bauchaufschlitzen der Samurai, gehörte Mut. Aber die Schalt- oder Steuerbewegung, mit der die tödliche Explosion ausgelöst wird, ist ein vertrauter Beweis der eigenen Macht. Mehr noch: Sie wird zum Versprechen, diese Macht ins Unendliche, Unbegrenzte zu steigern, ewig mächtig zu sein, Herr über den eigenen Tod. Mühelos meint das Individuum über sich selbst und seine kleine Geschichte zu triumphieren. Es verschmilzt mit der großen, schrecklichen Aufgabe und löst sich in dem Ruhm auf, alles für sie getan zu haben. Ein in der Realität verankertes Bewusstsein schaudert vor dem Gedanken, dass der eigene Körper in unkenntliche Fetzen zerrissen wird. Das in seinen narzisstischen Größenphantasien gereizte und von einer fanatisierten Gruppe getragene Ich wird sich an diesem Bild begeistern.

Von einer Sekunde in die nächste verwandelt sich der Täter in ein höheres Wesen. So billig war Märtyrertum noch nie zu haben, so lautstark gefeiert wurde es in der Geschichte noch nie. Seit die Japaner gegen Ende des Zweiten Weltkriegs die ersten Kamikaze-Piloten ausbildeten, gibt es diese neue Sekte, eine unheilige Allianz aus Technik, Glauben und Gewalt.

Können wir etwas gegen diese Entwicklung tun? Kurzfristig vielleicht, indem wir die enorme Publizität überdenken und zurücknehmen, welche die politischen Selbstmorde in unserer Welt finden. Sie ist ein Nährboden der verhängnisvollen Größen- und Unverwundbarkeitsphantasie. Sendestunden und üppige Schlagzeilen sind gegenwärtig wohl die stärksten Verbündeten der Drahtzieher, welche junge Menschen für Terrorakte anwerben.

Die Überreaktion des Westens, die Bereitschaft, sich bis in jede Faser angegriffen und bedroht zu fühlen, die Verluste an Verhandlungsbereitschaft und Geduld scheinen mir gegenwärtig so gefährlich wie die fanatisierten Täter. Langfristig wird es darum gehen, die Realität menschlicher Verletzbarkeit wieder stärker in einem Bewusstsein zu verankern, in dem die Vernunft selbst virtuell zu werden droht. Wer am Leben hängt, weil er es liebt, wird gegen die Sehnsucht nach billigem Ruhm gefeit sein. Wer gelernt hat, ein eigenes Ich wahrzunehmen und zu entwickeln, wird zögern, es in die Luft zu sprengen, weil es ihm ein fanatischer Führer einredet.

Narzisstische Grandiosität führt zu Wut und Rache. Sie lähmt unsere Fähigkeit, zu trauern, uns zu versöhnen, durch Einsatz unserer Vernunft zu differenzieren und den Schaden für alle möglichst klein zu halten.

«Der Junkie, der in den Straßen einer Großstadt mit vorgehaltenem Revolver Geld für Stoff beschafft, unterscheidet sich vorwiegend in der Art seiner Strafverfolgung von dem Politiker, der heute erwägt, notfalls mit Gewalt die Erdöl produzierenden Länder zu plündern.»

Der Satz steht für einen schon vor zwanzig Jahren unternommenen Versuch, die Suchtqualitäten der Industriegesellschaft psychohistorisch zu fassen. Immerhin haben damals amerikanische Senatoren nur laut darüber nachgedacht, die Ölquellen mit Marines zu besetzen. Was ich heute damit ausdrücken möchte, ist dies: Wir tragen genügend Widersprüche und Gefahrenpotenziale in unserer Gesellschaft. Mit ihnen müssten wir uns dringender auseinander setzen, als es die gegenwärtige Idealisierung unserer Zivilisation und das abschätzige Urteil über deren Gegner zulassen.

Es widerstrebt mir, den Terrorismus mit der Ausbeutung und kulturellen Nivellierung zu verbinden, die wir heute als «Globalisierung» thematisieren. Ich halte das für kurzschlüssig, für einen naiven Versuch, Schuld entweder ganz nach außen zu delegieren oder aber sie der eigenen Kultur aufzuladen.

«Mir tun im World Trade Center nur die Putzfrauen Leid und die Feuerwehrleute. Aber diese Manager, die mit einem

Federstrich tausend Kleinbauern die Existenzgrundlage nehmen – da habe ich Mühe!» Dieser Satz aus dem Gespräch mit
einer Psychologin, die von der 68er Bewegung geprägt wurde,
ist mir haften geblieben. Ich sagte damals, ich könnte das nicht
akzeptieren. Den Terroristen seien diese Kleinbauern ebenso
gleichgültig wie den Bankern, und sie würden durch die
Folgen ihres Tuns noch mehr Armut über die Ärmsten dieser
Welt bringen.

Mein Wunschtraum wäre, dass die USA ihre Kreuzzugs-
rhetorik aufgeben und sich von allen nachdenklichen Freunden in West und Ost dabei unterstützen lassen, die jetzt ge-
wonnene Betroffenheit der gemäßigten Muslime, die neue
Sympathie für Amerika zu erhalten, zu pflegen und auszu-
bauen. Gegenmaßnahmen müssen sein, aber sie dürfen keine
Unschuldigen treffen.

Es geht nicht an, dass wir auf Muslime, die keine Terroristen sind, Druck ausüben. Wir müssen um sie werben, unsere historische Schuld anerkennen und darauf vertrauen, dass
der Islam dann die Kraft gewinnt, sich selbst von den
Wahnsinnigen zu befreien, die in dem Schatten entstanden
sind, der bisher auf dieser interkulturellen Beziehung lag. Ob
sich dieser Schatten vertieft oder aufhellt, wissen wir nicht.
Aber in den letzten Wochen habe ich so viele Informationen
über den Islam in den westlichen Medien gefunden wie die
Jahre vorher nicht.

*Wolfgang Schmidbauer, 1941 in München geboren, arbeitet als
Psychotherapeut und Schriftsteller in München. Zuletzt erschien
sein Buch «Altern ohne Angst. Ein psychologischer Begleiter».*

Bahman Nirumand

In welcher Welt wir leben

Es war gespenstisch, wie ein Albtraum, der nie enden will. Die grauenhaften Szenen, das lodernde Feuer, die Menschen, die sich aus den Fenstern in den sicheren Tod stürzten, die hohen Türme, die wie ein Kartenhaus in sich zusammenfielen, werden wohl ewig in unserem Gedächtnis haften bleiben.

Noch liegen keine ausreichenden Fakten vor, noch weiß man nicht, wer das entsetzliche Verbrechen geplant, wie viele es ausgeführt haben. Wir alle sind auf Spekulationen angewiesen, Spekulationen, die zwangsläufig aus unserem Wissen, unseren Erfahrungen, aber auch Vorurteilen, Sympathien und Antipathien hervorgehen. So kommt es, dass manche Kommentatoren allein durch die Tatsache, dass sich unter den Tätern auch Arabisch sprechende Menschen befanden, zu der Gewissheit gelangen, das Verbrechen sei Bin Laden oder einer anderen arabischen Terrorgruppe zuzuordnen. Diese Gewissheit habe ich nicht.

Halten wir uns also erst einmal an die Fakten.

Menschen, deren nationale, ethnische, religiöse Herkunft uns bis heute nicht bekannt ist, planen gleichzeitig mehrere Anschläge, von denen jeder einzelne ausreicht, um die ganze Welt in ein Trauma, in Angst und Schrecken zu versetzen und in der Politik, im Lebensalltag der Menschen, national und international, einen tief greifenden Einschnitt zu erzeugen. Die Ausführung der Attentate bedurfte einer langen Zeit, vielleicht waren es Jahre der Vorbereitung. Eine große Menge wohl behüteter Kenntnisse und Daten mussten gesammelt werden. Viele dieser Daten hätten den Besitzer, wenn er entdeckt worden wäre, für lange Jahre hinter Gittern bringen können. Mindestens ein Dutzend Personen mussten eine gründliche Ausbildung absolvieren, sich technische und praktische Kenntnisse erwerben, ohne dabei aufzufallen.

Es ist unglaublich, ja gespenstisch! Es soll Menschen geben, die jahrelang Tag und Nacht arbeiten, die ungeheure Spannung zwischen einem normalen und einem klandestinen Dasein in ihrem Alltag ertragen, auf ein freies, normales Leben verzichten, die ständige, nervenzerreibende Angst, entdeckt zu werden, aushalten, um schließlich an einem bestimmten Tag, zu einer bestimmten Stunde, kaltblütig, nicht nur Tausende Menschen, sondern auch sich selbst zu töten. Das ist unbegreiflich, das widerspricht der menschlichen Natur. Kann man jahrelang den eigenen Tod planen, zumal wenn man wie eine Reihe der Attentäter nicht in einem Milieu lebt, in dem Tag für Tag Hass- und Rachegefühle neu belebt werden – sondern in Europa oder den USA zumindest scheinbar ein ganz normales Dasein führt – nicht gemeinsam, sondern einzeln? Wie ist es möglich, dass unter diesen offenbar jungen Menschen kein einziger sich von den Verlockungen des Lebens faszinieren ließ, den Sehnsüchten nach Liebe, Freundschaft, Spiel und Spaß nachgegangen ist, dass keiner den Mordplan aufgegeben und das Leben dem Tod vorgezogen hat? Was immer es ist – dieses Phänomen lässt sich weder mit Märtyrertum noch mit Fanatismus und Fundamentalismus erklären.

Die Anschläge in New York und Washington waren ein Akt des Terrors, aber auch als solcher einzigartig. Denn der Terror richtet sich gewöhnlich entweder gegen eine Person, die man, aus welchen Gründen auch immer, aus dem Weg räumen will, oder er hat symbolischen Charakter. Dabei werden auch Opfer von Unbeteiligten in Kauf genommen – aber eher nicht willentlich. Die Attentate am 11. September waren zwar eindeutig gegen Symbole gerichtet, gegen Macht und Geld, doch auch von vornherein gegen das Leben von mindestens zehntausend Menschen.

Das ist in der Geschichte einmalig. Was steckt hinter dieser grenzenlosen Verachtung des Lebens? Hass- und Rachegefühle, eine politische Kalkulation, ein mafiöses Gehabe, das auf Geld und Macht, zu wessen Gunsten auch immer, spekuliert? Wir tappen im Dunkeln, und genau hier setzen Spekulationen an.

Wie kam es, dass man unmittelbar nach dem Attentat zu der Gewissheit gelangte, die Mörder müssten aus der islamischen Welt stammen? Terroristen gibt es überall auf der Welt, in Irland, in Spanien, in Japan, in lateinamerikanischen Ländern, auch in den USA. Warum müssen die Hintermänner gerade Muslime gewesen sein? Gewöhnlich wird den Terroristen jede politische Motivation abgesprochen. Aber hinter der Gewissheit, die Täter seien Muslime gewesen, steht eine politische Analyse: der Versuch, hinter der Wahnsinnstat doch einen politischen Sinn, eine Ideologie, eine Weltanschauung zu entdecken. Wenn dem so ist, dann muss es erlaubt sein, dass auch wir, die aus der Region stammen, die als Brutstätte des Terrorismus bezeichnet wird, über die politischen Motive und Hintergründe des Terrors spekulieren.

Ich war keine zehn Jahre alt, als unser Grundschullehrer im Iran uns erzählte, wie die Engländer unsere Reichtümer, vor allem das Öl, raubten. Er erklärte uns, dass sie gegen ein Handgeld für den Hof des Schahs das Land beraubten und beherrschten, ein Land, welches in Rückständigkeit und Armut stagniert. Mich packte die Wut. Gemeinsam mit einem Freund beschloss ich, den Engländern diesen Raub heimzuzahlen. Wir legten Nägel unter ihre schicken Autos, versteckten uns lauernd hinter einer Hausecke und waren überglücklich, als die Reifen platzten, nachdem die Autos anfuhren. War das schon Terror?

Gegen die Vorherrschaft Großbritanniens entstand eine Bewegung unter der Führung von Mossadegh, die Engländer wurden aus dem Land gejagt, auch der Schah verließ das Land, die Hoffnung auf eine eigenständige Entwicklung in Freiheit und Demokratie breitete sich im Volk aus. Aber sie währte nicht lange. Zwei Jahre später wurde Mossadegh durch einen von der CIA organisierten und finanzierten Putsch gestürzt. Erst nach fast fünfzig Jahren hat sich die amerikanische Regierung für diese Aktion und für die Unterstützung einer Diktatur, die nach dem Putsch über zwei Jahrzehnte das Land beherrschte, entschuldigt.

Der chilenische Autor Ariel Dorfmann erinnert daran, dass der Putsch gegen Salvador Allende wie die Anschläge in New York und Washingten an einem Dienstag, 11. September, stattfand. Die Folgen dieses ebenfalls vom Pentagon und der CIA organisierten Putsches sind bekannt.

Schauen wir uns die Weltkarte und die Geschichte der letzten fünfzig Jahre an. Wir werden kaum ein Land finden, in dem die Amerikaner nicht direkt oder indirekt eingegriffen haben, wenn es den amerikanischen Interessen und dann zumeist den herrschenden Oligarchien dieser Länder diente. Die Bilder aus Vietnam, die durch Napalmbomben geschändeten Körper sind jedem, der sie einmal gesehen hat, in Erinnerung. Es ist bekannt, dass die Taliban in Afghanistan Zöglinge der Amerikaner waren, dass Bin Laden mit der CIA kooperiert hat, dass Saddam Hussein von den USA militärisch ausgerüstet und politisch unterstützt wurde, um einen Feldzug gegen den Nachbarstaat Iran zu starten.

Nach dem Zerfall der Sowjetunion und des Ostblocks sind

die USA die einzige Supermacht. Diese Position versuchten sie durch eine vor dem Golfkrieg angekündigte neue Weltordnung zu etablieren. Stattdessen unterstützten sie die Globalisierung, Quelle der Armut für Millionen. Nach dem Terroranschlag vom 11. September kündigte Präsident George W. Bush abermals eine neue Weltordnung an. Wie mag sie wohl aussehen?

Diese Geschichte, das Verhältnis der USA vor allem zu den Ländern, die sich an der Peripherie der globalisierten Welt befinden, erzeugte tiefe Wunden, Aversionen, ja Hass und Rachegefühle. Es ist völlig abwegig, diese Gefühle auf einen vermeintlichen Kampf der Kulturen oder etwa auf eine irrationale Feindschaft zwischen Islam und Christentum zurückzuführen. Der Hass wurde durch Fakten erzeugt, die nicht ignoriert werden können. Die vermeintliche kulturelle Feindschaft, die heute suggeriert wird, soll von ebendiesen Fakten ablenken.

Diese Fakten legitimieren keinen Terror, für das Verbrechen vom 11. September gibt es keine Legitimation, vielleicht aber Erklärungen. Mögen sämtliche Initiatoren und Täter der furchtbaren, grässlichen Tat Psychopathen gewesen sein, mögen sie von Wahnvorstellungen befallen, von einer Religion oder Ideologie verblendet, mögen sie narzisstisch oder sadistisch veranlagt gewesen sein, dennoch – man will es vielleicht nicht wahrhaben – verkünden die Anschläge Botschaften, die ein Licht auf die Realitäten unserer Welt werfen, auf die Beziehungen des Westens zu der übrigen Welt.

Der Westen zwingt seit Jahrhunderten die übrige Welt zur Unterwerfung, Gefolgschaft, Anpassung. Er nimmt für sich in Anspruch, seine Interessen, wenn nötig auch mit militärischen Mitteln oder durch Terror durchzusetzen, er setzt Maßstäbe, bestimmt, was gut und böse, schön und hässlich, wertvoll oder primitiv, moralisch verwerflich oder legitim ist. Andere Kulturen werden entweder in romantischer Verklärung und exotischer Faszination wahrgenommen, zur Freizeitgestaltung benutzt, großzügig geduldet oder unterdrückt. Der Unterschied zwischen diesen Haltungen ist nicht allzu groß. Eine wirkliche, ernst nehmende Akzeptanz ist kaum spürbar. Kein Wunder, dass auf der anderen Seite Hass, Rachegefühle, Minderwertigkeitskomplexe entstehen. Intellektuelle, Schriftsteller, Künstler, aber auch oft Jugendliche in den Entwicklungsländern verinnerlichen westliche Maßstäbe, betrachten mit westlichen Augen ihr eigenes Dasein, das ihnen als rückständig und primitiv erscheint. Diese psychische Zäsur, diese Selbstzensur und Spaltung der eigenen Identität schafft eine Fremdheit, auch sich selbst gegenüber, die oft zu Verzweiflung, in Extremfällen zum Terror führt. Vergessen wir nicht, dass die Terroristen ihre Angriffe mit westlichem Know-how und westlichen Kommunikationsmitteln verübten.

Der Terror vom 11. September hat Tausende unschuldige Menschen in den Tod geschickt und die ganze Welt in Trauer versetzt. Millionen, vielleicht Milliarden Menschen sind mit Recht wütend und entsetzt über diese maßlose Verachtung menschlichen Lebens. Zugleich bedeuteten diese Anschläge für die USA eine ungeheure Demütigung, die dem Land mit Hilfe der Massenmedien praktisch vor den Augen der Welt demonstrativ zugefügt wurde. Sie kam buchstäblich wie ein Fluch Gottes aus heiterem Himmel.

Das weckte Erinnerungen: Eine ähnliche mediale Demonstration gab es im Golfkrieg. Damals wurde zum ersten Mal in der Geschichte ein Krieg vom Fernsehen übertragen, man konnte jede Handlung miterleben, als säße man neben den Piloten, die durch einen Knopfdruck Abertausende Menschen und weite Landschaften vernichteten.

Die Demütigung von damals wurde in der westlichen Welt mehrheitlich hingenommen, ja sogar begrüßt. Die vom 11. September hingegen löste einmütige Abscheu, ein weltweites Entsetzen aus. Die Amerikaner selbst, deren Supermacht noch nie solche Demütigungen hinnehmen musste, empfinden den Schlag als besonders hart. Trotzdem befinden sich die USA in der Position der Stärke. Sie verfügen im Gegensatz zu anderen Staaten über ausreichende Möglichkeiten zu einem gründlichen Vergeltungsschlag. Aus dieser Position heraus erfolgte auch die erste Reaktion des Präsidenten. Zum Glück wurden ihm, der sogleich einen Kreuzzug beginnen wollte und die Bombardierung mehrerer Länder ins Auge fasste, seitens seiner Mitarbeiter und wohl auch der europäischen Verbündeten Zügel angelegt. Damit ist die Gefahr einer weiteren Katastrophe vorerst gebannt.

Es wird, abgesehen von denen, die direkt oder indirekt an dem Verbrechen beteiligt waren, kaum jemanden geben, der nicht die Festnahme und entsprechende Bestrafung der Täter herbeisehnt. Aber ebenso sicher ist, dass ein blinder Gegenschlag nicht nur verheerende Folgen für die internationalen Staatengemeinschaft hätte, sondern noch mehr Hass und noch mehr Rachegefühle gegen die USA erzeugen würde. Schon die verbalen Attacken haben in manchen Ländern Unruhen ausgelöst. Menschen, die den Begriff «Heiliger Krieg» als primitiv und unzivilisiert einstufen, sollten ihre geplante Operation nicht als «Grenzenlose Gerechtigkeit» bezeichnen. Zwischen solcher Begriffswahl besteht meiner Auffassung nach mental kein Unterschied. Und falls man den Islam in die Rolle drängt, die man Jahrzehnte lang dem Gespenst namens Kommunismus zugeordnet hatte, wird man nicht erwarten können, dass eine Milliarde Muslime auf diese Kriegserklärung mit Umarmungen reagiert. Die Terroristen – sollten sie tatsächlich aus der arabisch-islamischen Welt stammen – haben ihr nicht gedient. Denn, wie Hans Magnus Enzensberger zurecht bemerkt, wird «die langfristig verheerendsten Folgen nicht der Westen, sondern ebenjene Weltregion zu tragen haben, in deren Namen der terroristische Angriff geführt worden ist».

Aber der Anschlag gegen das World Trade Center und das Pentagon, dieses apokalyptische Ereignis, hat ein Beben ausgelöst, dessen Erschütterungen überall auf der Welt die Menschen aufgerüttelt haben. Aus ihren verstörten, angewiderten Gesichtern war eine Frage zu lesen: In welcher Welt leben wir denn eigentlich? Ich meine, nicht in einer geteilten, sondern, zumindest ökonomisch betrachtet, in einer globalisierten Welt. Für die Konzerne, Banken und Börsenmärkte gibt es längst keine Grenzen und keine Region mehr, die aus ihrem Wirkungsbereich ausgeschlossen ist. Somit ist jede Aufteilung der Welt in Zivilisierte und Barbaren, Christen, Juden und Muslime anachronistisch. Es gibt heute außerhalb der westlichen Hemisphäre unzählige Menschen, deren äußere Lebensweise sich von denen eines Westeuropäers oder Nordamerikaners in nichts unterscheidet.

Doch es gibt innerhalb unserer vereinheitlichten Welt auch noch viele gravierende Unterschiede, die nicht verniedlicht werden können. Wenn man bedenkt, dass in Afrika Tag für Tag so viele Menschen an Aids sterben wie bei dem Anschlag in Washington und New York, wenn man sich vor Augen führt, wie viele Kinder und Erwachsene Armut, Hunger und Seuchenkrankheiten zum Opfer fallen, wenn man weiß, dass unzählige Menschen in den Entwicklungsländern ihre gesunden Organe gegen ein Handgeld an reiche Europäer und Amerikaner verkaufen, um ihr Dasein fristen zu können, dann muss man damit rechnen, dass sich dadurch in Zukunft die Konflikte weiterhin verschärfen werden. Terroranschläge im größeren Ausmaß sind auch in Zukunft nicht ausgeschlossen.

Was zurzeit die Welt bewegt, ist kein Kampf der Kulturen oder Religionen. Blickt man in die jüngere Geschichte zurück, dann stellt man fest, dass die Zeit des Kolonialismus, die die Befreiungsbewegungen in der so genannten Dritten Welt hervorgerufen hat, längst hinter uns liegt. Auch die Zeit des Kalten Krieges ist endgültig vorbei. Die meisten Entwicklungsländer haben den Versuch, in die Fußstapfen Europas zu treten oder auf sozialistischem Weg den Anschluss an die fortgeschrittenen Industrieländer zu finden, bereits zu den Akten gelegt. Was jetzt, gerade in den islamischen Ländern zu beobachten ist, ist der Versuch, aus der eigenen Geschichte, auch der eigenen Religion heraus in Verbindung mit den Erfahrungen der technisch fortgeschrittenen Länder Lösungen für die eigene Entwicklung zu finden. Jeder, der zum Beispiel die kritische Auseinandersetzung kennt, die die iranische Geistlichkeit mit dem eigenen Glauben führt, weiß, wie tief greifend, aber auch qualvoll dieser Prozess ist. Bei den Kritikern ist keine Feindschaft gegen den Westen oder gegen das Christentum festzustellen, sondern eine faszinierte Neugierde und die Lust zu lernen. Statt Feindschaften aufzubauen, sollte man diesem Begehren entgegenkommen. Dabei wird sicherlich spürbar werden, dass die Suchenden aus dem Morgenland nicht alles, was sie im Westen vorfinden, begeisternd finden. Im Gegenteil, vieles erscheint ihnen als verwerflich. Ich denke aber, der Friede, den alle erstreben, lässt sich weder durch Gewalt noch mit Arroganz herstellen. Der Weg zum Frieden geht sowohl im Westen als auch im Osten über Kritik und Selbstkritik, über den Dialog, über eine gerechtere Verteilung der Güter und der Chancen.

Der Schriftsteller Bahman Nirumand musste erst vor dem Schah-Regime, später nach einer kurzen Rückkehr in sein Heimatland Iran auch vor dem Khomeini-Regime nach Deutschland flüchten. Er lebt in Frankfurt am Main und Berlin. Unter anderem erschien von ihm der erzählende Essay «Leben mit den Deutschen».

Rolf Hochhuth

Nicht einmarschieren!

«Man steigt doch nicht ins Meer, um einen Hai zu töten», sagte
Churchill, der meisterfahrene Krieger des vorigen Jahrhunderts, und machte «den Vogel» an seiner gewaltigen Stirn, als
ihm – während des Krieges gegen Japan – ein Generalstäbler
irgendwo einen Dschungelfeldzug nahe legte. Daran muss
denken, wer befürchtet, dass die USA in Afghanistan einmarschieren – ein Dutzend Gangster auszuheben, die man doch
nie bekäme! Wenn wahr ist, dass Osama Bin Laden als Urheber die Mordaktionen befohlen hat – doch der Botschafter
der radikalislamischen Miliz in Pakistan, Abdul Sala Saif, erklärte, der habe «nicht die Möglichkeiten dazu», und wer will
beweisen, dass der Botschafter pflichtschuldig l ü g t ? –, dann
wird der Oberboss der Terroristen sich und die Seinen in verschiedene Hochhäuser mit einigen tausend Bewohnern flüchten: Sollten die Amerikaner die wegbomben samt Frauen und
Kindern, um – vielleicht! – auch die fünf Häuptlinge der Terroristen mitzuerwischen? Absurd!

Freilich: gar nichts tun – das können sie auch nicht, die
Amerikaner. Henry Kissinger sagt mit Recht: «Die Angriffe
gehen weit hinaus über das, was in Pearl Harbor geschah.
Denn Ziel dieser Angriffe waren keine militärischen Ein-
richtungen, sondern die Zivilisation selber.» Aber darf dann
als Gegenschlag Amerika ein Bevölkerungszentrum wegbomben? Frauen und Kinder – mit der nun allergeringsten Chance,
von den Tätern auch nur e i n e n zu treffen? Unmöglich.

Frauen und Kinder töten, die an den feigen Untaten so wenig Schuld haben wie Sie, lieber Leser, oder wie ich? Afghanistan ist doppelt so groß wie Deutschland und hat ganze sechs Millionen Einwohner.

Eine Stecknadel im Heuhaufen suchen?

Sollte dem Unheil – und zweifellos war das nur sein Anfang – auch ein positiver Aspekt innewohnen: Es hat den Kalten Krieg zwischen Russland und Amerika beendet. Deutlicher als durch Öffnung eines Teils des Luftraums für US-Flugzeuge in Südrussland ist das nicht zu demonstrieren. Erinnern wir uns doch, dass vor einem Jahr noch, am 19. Juli 2000, die «Welt» geschrieben hat: «Putin in Peking ... Dort sind die Vereinigten Staaten der große Abwesende. Gegen ihn und dessen Pläne zur Raketenabwehr (National Missile Defense) wollen sich Russen wie Chinesen zusammentun ...»

Sollte das dennoch eines Tages, wenn die jetzige Weltkrise ausgestanden sein könnte, geschehen, wird jedenfalls auch Amerika an der Seite Russlands als dritte Macht dabeisitzen, gemäß der sehr berechtigten Forderung, die Putin in Berlin am 25. September ausgesprochen hat: «Wir haben immer noch nicht gelernt, einander zu vertrauen», bedauerte der Präsident. Anstatt Russland in die Vorbereitung von Entscheidungen einzubeziehen, werde es aufgefordert, getroffene Entscheidungen nachträglich zu bestätigen. Ohne Aufbau eines Klimas des Vertrauens werde es keine einheitliche Sicherheitsarchitektur in Europa und der Welt geben. Putin sagt, die Welt teile sich nicht länger in zwei feindliche Lager. Sie sei viel komplizierter geworden. Die Sicherheitsstrukturen der vergangenen Jahrzehnte seien nicht in der Lage, mit der neuen Bedrohung fertig zu werden. Es gebe leider auch keinen effektiven Mechanismus der Zusammenarbeit im Kampf gegen den Terrorismus.

Zugegeben: Was uns bis zum 10. September noch als absurd

erschienen ist: Das Gerede des amerikanischen Präsidenten über so von ihm genannte «Schurkenstaaten», gegen die er sein SDI-Programm aufbauen müsse – in Wahrheit ist dieses weitaus t e u e r s t e Projekt der Rüstungs-Industrie, sodass weder Russland noch China ein ähnliches finanzieren *können* –, die ganz große Finanzspritze, die Bush zur Ankurbelung der gelähmten Wirtschaft den Industriellen schenken will – zugegeben: ab 11. September kann man das nicht mehr abtun als Panikmache ...

Denn die Ahnungslosigkeit der westlichen Geheimdienste belegt die absolute *Neuheit* dieses Krieges: Die Rückkehr zum Religiösen als seine Ursache. Andreas Kilb, der Spezialist der «Frankfurter Allgemeinen Zeitung» für Filmgeschichte, erinnerte denn auch daran, dass Jean-Luc Godard vor zehn Jahren in seinem Film: ‹Allemagne Neuf Zero› das Verschwinden des Kommunismus aus Europa signalisierte, weil nunmehr «der letzte Kampf, in welchem die Zivilisation ihre abschließende Form erhält: der zwischen *Geld und Blut*» begonnen habe. Diese Worte auf den letzten Seiten von Spenglers ‹Untergang des Abendlandes› zitierte Godard. Kilb schreibt: «Im Film blickt die Kamera, während die Worte – von Spengler kursiv gedruckt – *Geld und Blut* fallen, hinauf zum Dach des Berliner Europacenters und dem Mercedes-Stern ... dessen Stunde werde auch einmal schlagen ... mochte man damals diese Szene für ein polemisches Aperçu halten, durch die Zerstörung des World Trade Center hat sie den Charakter einer Prophezeiung angenommen.»

Ja, so darf man folgern – dennoch: das Neue war der religiöse Fanatismus, der erstmals seit den japanischen Selbstmord-Piloten des Zweiten Weltkrieges das eigene Leben aufopferte. Mit «Mächten des Blutes» – so wahnwitzig irrational wie nur Religion ist – ist jene «Denk»-Weise gemeint, denn da ist ja nichts gedacht, sondern nur gefühlt, die sich, wie Kilb zusammenfasst, «mit der säkularen Herrschaft der Ökonomie über die Ideologie nicht abfinden» will … Der israelische Militärhistoriker Martin van Crefeld, Berater auch im Pentagon, der ‹Die Zukunft des Krieges› schrieb, nennt Religiosität als Kriegsursache «eine Krankheit»… aber wenn er sie abtut: «Die hat kein Ziel» – ist das ebenfalls krankhaft irrational.

Übrigens liest man maßlos deprimiert, wenn Crefeld von der – wie Churchill das nannte – «kalten Wut des Berufsdünkels» erzählt, die überhaupt das Unheil ermöglicht hat:

«Ich selbst habe vor neun Jahren für die amerikanische Flugsicherheitsbehörde, die Federal Aviation Authority (FAA), gearbeitet. Wir haben damals Sicherheitsrichtlinien verfasst, die offensichtlich nicht umgesetzt wurden: Gemäß der FAA-Doktrin sollte die Tür zwischen Cockpit und Kabine stets geschlossen sein. Ich selbst habe diese Regel niedergeschrieben. Andere Fluggesellschaften tun dies seit Jahren. Deshalb wäre so ein Anschlag mit einem israelischen, jordanischen oder indischen Flugzeug nie passiert. Vielleicht wäre etwas anderes passiert – aber das nicht. Die Attentäter hatten nur ganz kleine Messer und mit diesen winzigen Waffen haben sie diese furchtbare Untat begangen. Wenn die Türen geschlossen und gepanzert gewesen wären, hätte das nie geschehen können. Es wäre so einfach zu verhindern gewesen, dass es einfach unvorstellbar ist.»

Dass Staatspräsident Putin sich bemühte, seine Berliner Rede vor dem Bundestag *deutsch* zu sprechen, ist eine derartige Demonstration der Freundschaft – dass sie schon wieder Angst macht: nämlich um Herrn Putin, da man doch am gleichen Tag, 26. September auch zu lesen bekam, er habe *gegen* den Widerstand seiner Militärs, seiner Geheimdienste und eines «Großteils des russischen politischen Establishments» seine Maßnahmen zugunsten der Terrorismus-Bekämpfung, gemeinsam mit den USA, durchsetzen müssen. Wie «haltbar» ist Putin? – bleibt denn auch zurück als angstvolle Frage, wenn man hofft, was er vor dem Berliner Parlament versichert hat: Nun sei wenigstens der Kalte Krieg zu Ende ...

Rolf Hochhuth, 1931 in Eschwege geboren, ist freier Schriftsteller. Seine Theaterstücke (darunter «Der Stellvertreter», «Soldaten», «Wessis in Weimar») erregten immer wieder öffentliches Aufsehen.

Ulrich Wickert

Welche Werte verteidigen wir?

Die zivilisierte Welt ist angegriffen worden, nun droht ein «Krieg» unter dem Schlagwort «grenzenlose Gerechtigkeit» («Infinite Justice»). Nach dem ersten Gefühlsaufschrei gilt es nun, sich nicht von Begriffen erschlagen zu lassen. Von gerechten und ungerechten Kriegen haben Kaiser und Könige, Päpste und Heerführer, demokratische Präsidenten und tyrannische Diktatoren immer wieder gesprochen. Schon der griechische Geschichtsschreiber Thukydides lässt die Athener Generäle Cleomedes und Tisias darüber diskutieren, ob es rechtens sei, den Inselstaat Melos zu erobern.

Da es sich bei der Antwort auf die Terroranschläge in New York und in Washington nicht um einen «Kampf der Kulturen» handelt, so Bundeskanzler Gerhard Schröder in seiner Regierungserklärung vor dem Bundestag, gilt es nach einer Definition dessen zu suchen, was denn den Inhalt der angegriffenen Zivilisation ausmacht, die sich über die Kulturen und Religionen dieser Welt als ein Dach stülpt – und die mit den Terroranschlägen angegriffen wurde.

Welche Werte verteidigen wir? Herausragende Staatsmänner der ganzen Welt haben sich vor einigen Jahren im Inter Action Council zusammengefunden und Gedanken darüber gemacht, welche Regeln allgemein gültig für alle Menschen auf dem Globus sein könnten. Unter dem Ehrenvorsitz von Helmut Schmidt haben Politiker aus allen Erdteilen gemeinsam überlegt: Anand Panyarchun, ehemaliger Premierminister von

Thailand, Oscar Arias Sánchez, Präsident a. D. von Costa Rica, Michail Gorbatschow, Salim al-Hoss, ehemaliger Premierminister des Libanon, Lee Kuan Yew aus Singapur, Kenneth Kaunda aus Sambia und noch einige mehr, darunter auch Jimmy Carter und Valéry Giscard d'Estaing. Sie haben eine «Allgemeine Erklärung der Menschenpflichten» erarbeitet und diese 1997 den Vereinten Nationen zur Verabschiedung vorgelegt – als Ergänzung jener Erklärung der Menschenrechte, die bei der Gründung der UN einstimmig angenommen wurde und damit universelle Gültigkeit erhalten hat.

Was die zivilisierte Welt ausmachen könnte, steht in der Erklärung der Menschenpflichten des Inter Action Council unter dem Anfangskapitel «Fundamentale Prinzipien für Humanität» und endet in der Goldenen Regel: «Alle Menschen, begabt mit Vernunft und Gewissen, müssen im Geist der Solidarität Verantwortung übernehmen gegenüber jedem und allen, Familien und Gemeinschaften, Rassen, Nationen und Religionen: Was du nicht willst, das man dir tu, das füg auch keinem andern zu.»

Diese Goldene Regel, die wie Immanuel Kants Kategorischer Imperativ als Maßstab der Ethik in allen Zivilisationen dieser Welt gilt, gehört zur Zivilisationsgeschichte. Die Globalisierung des Geistes der Zivilisation, des Wissens um ethische Werte ist also uralt. Und schon seit langer Zeit stehen die Werke der wichtigen Philosophen in den Bibliotheken aller Länder dieser Welt.

«Alle Menschen, begabt mit Vernunft und Gewissen», wollen nun einen globalen Kampf gegen den Terrorismus führen und berufen sich dabei auf die ethischen Werte wie Gerechtigkeit und Solidarität, denen sie mit den Beiworten grenzenlos und uneingeschränkt zusätzliche Bedeutung vermitteln wollen. Diese fundamentalen Prinzipien für die Humanität gehen von der Vernunft aus, doch es scheint so, als sei der Angriff gegen die zivilisierte Welt von «Kämpfern Gottes» ausgeführt worden, von religiös motivierten Terroristen. Für sie gelten vernunftgeleitete Werte nicht, denn die Attentäter gehorchen einem höheren Wesen. Aber nicht nur transzendentale Werte, sondern ganz irdische Motive, nämlich brutales Machtdenken, bestimmen immer noch das Verhalten von Regierungen der «zivilisierten» Welt. Keine Solidarität erfuhren die Völker in Zentralafrika in den vergangenen Jahren, als dort Völkermord und Bürgerkriege mehr als zwei Millionen Menschenopfer forderten. Hier versagt die Zivilisation noch. Denn zum Zeichen der Globalisierung gehört, dass die menschliche Schicksalsgemeinschaft sich auch zu einer Gewaltgemeinschaft zusammenschließt, um Gerechtigkeit grenzenlos durchzusetzen. Doch selbst die zivilisierten Staaten lassen untereinander immer noch zu, was sie in ihrer Innenpolitik verbieten: Macht vor Recht.

Wenn sich nun die durch die Anschläge getroffene Zivilisation zu einem globalen Kampf gegen den Terror zusammenschließt, dann könnten die Völker zufrieden sein. Doch weil die Bürger selbst der fortgeschrittenen Demokratien nicht wissen, welche Handlungen aus den jetzt gewechselten Worten resultieren werden, herrscht Desorientierung und sogar Angst. Denn unverständlich ist die Geschichte des vermeintlichen Drahtziehers des Terrors, Osama Bin Laden, den die CIA seinerzeit aufgepäppelt hat. Und fassungslos stellt man sich die Frage, weshalb der amerikanische Geheimdienst im Umweg über den pakistanischen Geheimdienst den tief religiösen Taliban in Afghanistan an die Macht half. Ging es wirklich nur um die banale Zusage, den Amerikanern das Recht zuzugestehen, eine Gas-Pipeline durch das Land führen zu lassen? So ist es wohl gewesen. Wenn sich die Zivilisation jetzt also ihrer ethischen Werte besinnt, dann gilt der Anspruch aber wirklich grenzenlos.

Und schon beginnen Gefühl und Vernunft einen ungleichen Kampf. Darf das so tief getroffene Amerika mit einem Bombenschlag Osama Bin Laden und seine Mannen töten, ohne ihm einen Prozess nach rechtsstaatlichen Kriterien gemacht zu haben? Ja, sagt derjenige, der von Krieg spricht. Aber nein!, widerspricht, wer die Goldene Regel beherzigen will. Der amerikanische Präsident George W. Bush spricht von Krieg und nicht von einer Polizeiaktion. Und was Krieg bedeutet, haben schon die Lateiner gewusst: Inter arma silent leges – wenn die Waffen sprechen, schweigen die Gesetze. Krieg erlaubt nach diesem archaischen Denken die Aufhebung der Regeln. Allerdings hätten nach dieser Definition dann auch die Terroristen der Roten-Armee-Fraktion Recht gehabt, als sie Kombattantenstatus nach der Genfer Konvention verlangten. Doch Achtung: So zu denken entspricht nicht mehr der modernen, die Kulturen überwölbenden Welt-Zivilisation!

Angst geben viele Deutsche als ihren momentanen Seelenzustand an. Denn sie leben in einer Zeit der Desorientierung, die nicht erst durch die Terroranschläge in den USA ausgelöst worden ist. Wie können sie die Handlungen einer Weltgemeinschaft einordnen, wenn sie sich in der kleineren Einheit ihres Staates noch nicht einmal orientieren können? Einer der Gründe liegt in der Individualisierung dieser Gesellschaft und der mangelnden Identifikation mit dem Gemeinwesen. Denn nur wer sich zur Gemeinschaft gehörig fühlt, der akzeptiert auch deren Werte und empfindet ethische Regeln als Maßstab des Handelns. Das gibt Halt. Doch diese Gesellschaft, die jetzt versucht, sich hinter den Feldzug für eine «grenzenlose Gerechtigkeit» zu stellen, versagt selbst immer wieder auf den Gebieten der Gerechtigkeit und Toleranz, Solidarität und Verantwortung.

Deutsche Rechtsradikale haben nach dem Zusammensturz des World Trade Center im Internet gejubelt: «Schöne Bilder, wirklich schöne Bilder.» Doch hat diese Gesellschaft den Rechtsradikalismus, den Antisemitismus und die daraus folgende Gewalt wirklich ernsthaft bekämpft? Natürlich nicht, weder die Bürger noch die staatlichen Institutionen wie Polizei und Justiz tun das Notwendige. Man denke nur an das kürzlich erlassene Urteil durch das Gericht in Kempten, das die Verleumdung «Zigeunerjude» gegen den Vizepräsidenten des Zentralrats der Juden, Michel Friedman, zulässt.

Und wie gerecht geht es in dieser Gesellschaft zu, in der Banken ihren Kunden den Steuerbetrug vorschlagen, in der Vorstandsmitglieder sich für eine feindliche Übernahme mit 100 Millionen Mark belohnen lassen, in der Sozialmissbrauch so weit geht, dass sogar mal ein Richter sich nicht schämt, neben seinem hohen Gehalt auch noch Sozialgelder abzuräumen nach dem Motto: Ich will mindestens das rauskriegen, was ich einzahle?

Auch in der Politik versagen die Vorbilder. Da hat die SPD in Hamburg ABM-Kräfte im Wahlkampf zum Malen von Transparenten, zum Kleben von Plakaten und Verteilen von Flugblättern eingesetzt, um seinerzeit die Abwahl der Kohl-Regierung zu fördern. Und Helmut Kohl selbst, jener Bundeskanzler, der doch die moralische Wende einleiten wollte, hat sich mit dem Ehrenwort über die gemeinschaftlich festgelegten Regeln hinweggesetzt und allen Individualisten vorgemacht, wie einfach es ist, sich seine Wertmaßstäbe selbst zu setzen.

Immer weniger Bürger scheinen die Regeln des Staates ernst

zu nehmen. Wer nun die Verteidigung der zivilisierten Welt unterstützt, der müsste auch einen Blick auf seine nahe Umwelt werfen – und staatsbürgerlich handeln, um den Werten wieder einen Wert zu geben.

Ulrich Wickert, geboren 1942, Journalist und Buchautor, seit 1991 «Tagesthemen»-Moderator im Ersten Deutschen Fernsehen. In diesem Jahr erscheint sein neues Buch «Zeit zu handeln. Den Werten einen Wert geben».

Ralph Giordano

Wie gut, dass es Amerika gibt!

1

Mit den lebenslang unvergesslichen Schreckensbildern von
New York, Washington und Pennsylvania hat die Welt, will
man es metaphysisch ausdrücken, dem Bösen ins Auge ge-
schaut. Dabei ist Amerika am schwersten getroffen, gleichzeitig aber auch der gesitteten Menschheit von einem logistisch
planenden Terrorismus der Krieg erklärt worden.

Da sein Prinzip irrational ist, zeigt er sich rationalen, das
heißt humanen Argumenten nicht zugänglich. Deshalb muss
er geschlagen werden. Aber *wie*? Das ist die zentrale Frage.
Dass Amerika bei ihrer Beantwortung die Führung über-
nimmt, ist legitim. Allein gelassen werden darf es dabei so wenig, wie es die Bundesgenossen ungehört lassen sollte.

Ich sagte bis hier zweimal *Amerika*, obwohl doch die USA,
also die Vereinigten Staaten von Amerika, gemeint sind und
nicht der Doppelkontinent. Doch heute versteht es wohl jeder
als ein Synonym mit anderem, wärmerem Klang als vor *dem*
Tag, der ein neues Zeitalter der modernen Geschichte eingelei-
tet hat – der 11. September 2001.

Die schwierigste Aufgabe von allen wird sein: Die demokratische Freiheit der offenen, liberalen Gesellschaft in Über-
einstimmung zu bringen mit einer von außen aufgezwungenen
verschärften Sicherheitspolitik zur Erhaltung eben dieser
Freiheit. Vorgegebenen Rezepten misstraue man – es ist eine

Situation da, bei der auf keinerlei Erfahrung im Umgang mit ihr zurückgegriffen werden kann.

In wenigen Minuten wurden tausende und abertausende Opfer gefordert, Akt einer neuen Barbarei, die die unerschöpfliche Phantasie ideologisch motivierter Menschenverachtung offenbart, zivile Umgangsformen aufheben will und, natürlich, auch auf Israel zielte.

Ich bekenne mich dabei zu Zorn und Wut, bis an die Grenze des Hasses, ja, über sie hinaus. Und weigere mich, dafür gescholten zu werden.

Was nichts daran ändert, dass dennoch eine andere Antwort als diese gefunden werden muss.

2

Ganz vorn: Nehmen wir den Extremisten, Fanatikern, Fundamentalisten und selbst ernannten Wahrheitsbesitzern, nehmen wir ihnen ihre vorgegebenen Begründungen nicht ab, ihre angeblichen Ideale und hehren Gottesideen, sondern stigmatisieren wir sie als das, was sie sind: Gewalttäter, Totschläger, Mörder, Massenmörder, Killer – und sonst gar nichts!

Die Täter sind ins Visier zu nehmen, sie und ihre Sympathisanten bis in ihre Schlupfwinkel zu verfolgen und unnachsichtiger Strafe zuzuführen. Unsere Welt darf nicht die ihre und ihre Welt nicht die unsere werden.

Doch wie schwierig wird es sein, den Terrorismus wirksam zu bekämpfen, ohne selbst zu terroristischen Mitteln zu greifen?

Richtig bleibt: Ethnische oder religiöse Gruppen sind nicht kollektiv haftbar zu machen! Kann es, wie bereits geschehen, etwas Sinnloseres geben, als Muslime, oder Menschen, die dafür gehalten werden, auf der Straße anzufallen, sie zu verletzen oder gar zu töten? Was zeigt sich da vom Geiste des Terrorismus in angeblich gegnerischem Gewande? Wer will mit solchen Aktionen vortäuschen, es gehe ihm um die Opfer? Seiner Dringlichkeit wegen deshalb also hier noch einmal wiederholt: Keine kollektive Haftbarmachung ethnischer oder religiöser Gruppen! Aber auch nicht blauäugig darüber hinwegsehen, dass es unter ihnen sehr wohl offen bekundete oder heimliche Zustimmung zu den Terroraktionen gibt und dass sich die Dimension dieser Zustimmung keineswegs auf eine sektiererische Minderheit beschränkt. Mich lassen die entsprechenden Bilder aus der islamischen Welt jedenfalls nicht kalt.

So falsch also ihre generelle Verteufelung wäre, so verkehrt wäre ihre pauschale Pazifizierung. Von allen religionsbestimmten und -geprägten Gemeinschaften der zeitgenössischen Menschheit hat die islamische nicht nur die größten Schwierigkeiten einer Anpassung von Lehre und moderner Entwicklung – diese Glaubensgemeinschaft stellt auch die anachronistische Nachhut der daraus entstehenden Problematik.

Was immer die von Christen dominierte, also die weiße Vorherrschaft der letzten 500 Jahre angerichtet hat (und sie hat neben ihrer großartigen technischen, wissenschaftlichen und kulturellen Dynamik wahrlich Grausiges angerichtet) – für alle Übel dieser Erde ist sie nicht zuständig. Und schon gar nicht für sämtliche in der islamischen Welt. Jenseits und lange vor dem europäischen Supremat gewachsene, durch Jahrtausende instituierte, nur schwer aufzubrechende und mental tief verfestigte Verhaltens- und Denkweisen haben das ihre zur dortigen Stagnation und Entwicklungsblockade beigetragen. Keine andere Religionsgemeinschaft aber delegiert die Verantwortung für ihre endogenen Übel und Molesten derart selbstverständlich und exemplarisch an «den Westen» wie die islamische: Er und der Zionismus sind zum bösen Prinzip der Weltgeschichte erklärt worden.

Was hier zusammenstößt, erlaube ich mir zu prophezeien, wird die zukünftigen Geschicke der Menschheit in weit höherem und viel ausdauernderem Maße beschäftigen, als es die akute Ära des islamistisch angestifteten Terrors und der Gegenwehr auf ihn vermag.

Nur allzu viele Deutsche werden Gedanken wie diese aus der Angst, in die Nähe von Fremdenfeindlichkeit gerückt zu werden, nicht zu äußern wagen. Ich habe, kraft meiner Legitimation als Überlebender des Holocaust, solche Berührungsängste nicht, weil der Verdacht absurd wäre.

3

Aber ich habe auch etwas gegen jene einheimischen Bedenkenträger, die gebetsmühlenhaft vortragen, dem internationalen Terrorismus sei der soziale und politische Nährboden zu entziehen. In der Tat, der müsste ihm entzogen werden, eines der vordersten Gebote der Terrorbekämpfung – wieder richtig. Nur wird bei solcher Forderung meist versäumt, zweierlei anzufügen: Erstens, dass mit der schonungslosen Bekämpfung des Terrorismus nicht so lange gewartet werden kann, bis diesem Nährboden die Wurzeln ausgerodet und die sozialen Übel behoben sein werden. Und zweitens: Keine Armut, keine Not, kein Hunger und kein Elend können die Massenmörder von New York, Washington und Pennsylvania rechtfertigen, keine Berufung darauf nimmt ihnen auch nur ein Atom von ihrer Verantwortung.

Deshalb ist jede Komplizenschaft mit dem Terrorismus, ob sie sich auf globale Übel, auf eine Religion oder auf beides bezieht, als das zu stempeln, was sie ist: Bundesgenossenschaft mit Massenmördern – außen- wie innenpolitisch.

Deshalb endlich auch Schluss damit, bei uns gegen erkennbare Täter aus anderen Ethnien und Religionsgemeinschaften in Weichei-Manier vorzugehen. Es ist unverzeihlich, welcher Spiel- und Freiraum dem politisch-fundamentalistischen Islam in Deutschland über lange Zeit zugestanden worden ist, und geradezu ungeheuerlich, mit welcher Nachsicht Ausländerextremismus hier geduldet wurde und wird. Unter den Augen der Sicherheitsorgane konnten Anhänger der Hamas, des Dschihad und der Hisbolla über Jahre hin ihre Treffen abhalten und Anschläge vorbereiten; konnten islamische Extremisten unter dem Dach von so genannten Religionsgemeinschaften nicht nur unverblümt drohen, die Grundwerte der Demokratie zu zerstören, sondern auch weit verzweigte Netzwerke der Erpressung, der Geldwäsche, des Drogenhandels und des Mordes spannen. Seit Jahren wussten die deutschen Fahnder, dass aus den Moscheen radikaler Islamisten in der Bundesrepublik direkte Wege zu den Terroristen führten und dass vom Verfassungsschutz als gefährlich eingestufte Gruppen ungeachtet dessen den Flüchtlingsstatus erhielten.

Heute wissen wir, dass Deutschland mit seinem großzügigen Ausländerrecht und bereitwilliger Sozialhilfe zum bequemsten Aufenthaltsort für einen islamistischen Terror geworden ist, der auf der Straße und im Internet nicht müde wird, Israel als «*Kleinen Teufel*» und die USA als «*Großen Teufel*» zu beschimpfen.

Innenminister Otto Schily, vierzehn Tage nach der Katastrophe, auf die Frage des *Spiegel*, ob die Defizite der Sicherheitspolitik vielleicht überhaupt erst die September-Attentate ermöglicht hätten: «Es hat in der Vergangenheit Versäumnisse gegeben. Zum Beispiel haben wir uns nicht immer genug darum gekümmert, um wen genau es sich bei denjenigen handelt, die bei uns Asyl oder einen anderen Aufenthaltsstatus erhalten.» Auch eine Art, zu gestehen.

Wir haben also durchaus Grund, Amerika gegenüber ein schlechtes Gewissen zu haben.

4

Es war ein deutscher Richter, der vorgewarnt und den Finger in die offene Wunde gelegt hatte, nachdem er mit vier Kollegen neun Monate lang über den bisher radikalsten Muslim auf deutschem Boden zu Gericht gesessen hatte – Muhamet Metin Kaplan. So heißt der selbst ernannte «Kalif von Köln», der seinen Konkurrenten brutal hat umbringen lassen, sich weder, wie er tönte, um «deutsche Gesetze noch um die Wertordnung des Grundgesetzes» scherte und einen regelrechten «Staat im Staate» aufgebaut hat, mit zahlreichen über Deutschland verstreuten «Emiraten» als Dependancen des rheinischen Zentrums.

«Was alles den Strafverfolgungsbehörden bekannt gewesen ist» – so bei der Urteilsverkündung im November 2000 Ottmar Breising, besagter Richter und Vorsitzender des 6. Strafsenats am Oberlandesgericht Düsseldorf, der Kaplan zu vier Jahren und fünf Monaten Haft verdonnerte. Um dann, nach der Forderung des Verbots der Organisation, eine rhetorische und schriftliche Breitseite sondergleichen gegen, wörtlich, *«lasches oder überängstliches Vorgehen, ja, wehrloses Wegschauen von Polizei, Verfassungsschutz und Politik»* abzufeuern.

Das hieß, eine Sache endlich bei ihrem Namen genannt zu haben. Zu hiesigem schärferem Durchgreifen hat es nicht geführt. Dazu musste erst der Preis her, den *Amerika* zu zahlen hatte – am 11. September 2001.

Nun ist es wahr, dass aufgrund der NS-Geschichte und noch unleugbar vorhandener Fremdenfeindlichkeit staatliches Vorgehen gegen Ausländer in Deutschland ein besonders sensibilisiertes Thema ist, wie das gesamte Ausländer- und Asylrecht auch. Aber das kann und darf nicht dazu führen, aus Furcht, eine härtere Sicherheitspolitik könnte propagandistisch als ausländerfeindlich verleumdet werden, schwächlich gegen den fundamentalistischen Islam aufzutreten.

Deshalb, als einen der deutschen Beiträge zur Terrorismusbekämpfung: Schluss damit, ständig den Rechtsstaat oder auch den Datenschutz in Täter begünstigender Weise zu zitieren, ja, sie als Alibi vorzuschieben, um auf erkannte Terroristen und ihre eindeutigen Helfershelfer so passiv zu reagieren, wie es die Regel ist.

Die Aufhebung des so genannten «Religionsprivilegs» ist daher ein längst überfälliger Gesetzesakt, dem nur zugestimmt werden kann. Er richtet sich keineswegs gegen die Überzeugungen religiöser Gruppen, sondern gegen die Anhänger von Lehren, die unter dem Deckmantel der Religion offen gewaltverherrlichende Ideen predigen und damit sowohl gegen bestehende Strafgesetze als auch in unerträglicher Weise gegen die ungeschriebenen Regeln mitmenschlichen Zusammenlebens verstoßen. Dass es nicht bei der bloßen Propagierung von Ideen bleibt, sondern ihnen die mörderische Praxis auf dem Fuße folgen kann, das haben die beklemmenden Untersuchungsergebnisse der Anschläge von New York, Washington und Pennsylvania ergeben: Deutschland war der «Parkplatz», auf dem einige der unbemerkt gebliebenen «Schläfer» zu ihrer Todesfahrt nach Übersee erwachten ...

Hier hat eine Nachsicht gewaltet, die Amerika direkt in den Rücken gefallen ist, sodass der Gedanke an eine objektive deutsche Mitschuld sehr nahe liegt. So leicht wie bisher jedenfalls darf es nach der Katastrophe der zusammengefallenen Twin Towers des World Trade Center, dem Angriff auf das Pentagon und dem aus Pennsylvanias Himmel abgestürzten Flugzeug mit zusammen an die siebentausend Toten den potenziellen Terroristen und ihren Anhängern nicht mehr gemacht werden.

Dass bei allen sicherheitspolitischen Notwendigkeiten ihr Zweck, also die Freiheit vor ihren Feinden zu schützen, nie aus den Augen verloren wird, dürfte zu der Bewährungsprobe der zweiten deutschen Demokratie werden.

Was eine Beteiligung der Bundeswehr an der militärischen Terrorismusbekämpfung betrifft – da wird es ohnehin zu einer Art Zerreißprobe kommen, und das aus einem eher sympathischen Grund: *Sind die Deutschen von heute doch die unkriegerischsten ihrer ganzen Geschichte.*

Zwar gelten sie zu Recht als treue Bündnispartner, bereit, für Menschenrechte einzutreten, wo immer sie verletzt werden, aber doch auch gezeichnet von einer geradezu kreatürlichen Abneigung gegen Aktionen mit voraussehbar physischen Verlusten. Da tut sich etwas Ungewöhnliches in einer Nation, die sich in zwei Weltkriegen buchstäblich auf Befehl hatte regelrecht hinschlachten lassen – es wird Angst vor Krieg geäußert. Für einen Mann mit meinen Vergleichsmöglichkeiten eine moralische Wandlung von historischem Ausmaß, deren sich niemand zu schämen braucht.

Dass eine Welt ohne Terrorismus, oder mit einem besiegten

Terrorismus, das Risiko erheblich mindert, mag eine der gesicherten Aussichten des Kampfes gegen ihn sein.

5

Zum Schluss noch ein persönliches Wort zu *Amerika*.

Für mich hat der Begriff früh *Licht* bedeutet, *Weite, Verheißung.* In der zweiten Hälfte der 30er Jahre des vorigen Jahrhunderts, ich war so zwischen 13 und 16, fuhr mein Vater als Pianist auf den Passagierdampfern der HAPAG zwischen Hamburg und New York. Irgendeine gutartige Seele in der Leitung der Reederei musste «vergessen» haben, dass es sich um den Angehörigen einer Familie handelte, die unter die so genannten *Nürnberger Rassengesetze* fiel (vielleicht auch in Erinnerung daran, dass der Jude Albert Ballin der *Hamburg-Amerikanischen Packetfahrt-Actien-Gesellschaft* einmal vorgestanden hatte, nun aber das nach ihm benannte Schiff in «Hansa» umgetauft worden war).

Die Heimkehr des Vaters war stets erfüllt von exotischen Düften, dickleibigen New Yorker Gazetten, allen voran die «New York Times», den faszinierend colorierten «National Geographic Magazines», zungenbrennenden Zahnpastas, «Big apple»-Jazz und, nicht zu vergessen, «Waterman's ink», eine Tinte von unvergleichlichem Blau. Über allem aber schwang ein Flair von Freiheit, das uns die eigene Bedrückung nur umso bewusster machte.

Diese Fahrten endeten abrupt im späten August 1939, gerade noch rechtzeitig, dass die «Hansa», ein 21 000-Tonner, an der Überseebrücke festmachen konnte. Wir hatten schon nicht mehr daran geglaubt, dass das noch rechtzeitig vor Kriegsbeginn geschehen würde – wohlwissend, was uns Zurückgebliebenen, der jüdischen Mutter und ihren drei Söhnen, bevorstehen würde, wenn der nach der NS-Rassenarithmetik «arische» Mann und Vater samt Schiff irgendwo da draußen geblieben wäre. Meine Familie und ich sind dann zwar am 4. Mai 1945 durch die 8. Britische Armee des Feldmarschalls Montgomery in Hamburg aus kellerdunkler, rattenverseuchter Illegalität befreit worden. Immer aber habe ich mich auch durch die US-Army mitbefreit gefühlt. Denn ohne *Amerika*, ohne seinen Anteil an der militärischen Bezwingung Hitlerdeutschlands, hätten wir nicht überlebt. Was die Verdienste anderer Armeen, voran die opferreichste der Sowjetunion, nicht schmälern soll.

Doch hinter allem, was in diesem Wettlauf zwischen der *Endlösung* und dem *Endsieg der Alliierten* zur Kapitulation am 7. Mai 1945 führte, stand die eherne, gewaltige Macht *Amerika*, für mich so etwas wie ein Fels, ein Monolith, Fata Morgana, sehnsüchtige Vision und, nicht zuletzt, das Land, in dem «Waterman's ink» hergestellt wurde, das wunderbare Tintenblau, mit dem ich meine ersten schriftstellerischen Versuche hinkleckste.

Aber wo Licht ist, da fallen bekanntlich auch Schatten.

Denn es gibt keine klinisch saubere, keine unbefleckte Nationalgeschichte. Kein Volk, kein Staat der Welt könnte sie vorweisen, auch *Amerika* nicht.

Es stimmt ja, dass sich die Außenpolitik der Weltmacht in der Ära des Kalten Krieges gegen die totalitäre Sowjetunion mit jedem rechten Diktator rund um den Erdball verbündete; dass die beiden Kennedys und Martin Luther King ermordet wurden; dass *Vietnam* bis heute *das* amerikanische Trauma geblieben ist und dass es, trotz erheblicher Wandlungen in den letzten Jahrzehnten, immer noch das sozial ungelöste Drama der Afroamerikaner gibt. Aber daneben eben auch eine Selbstreinigungskraft – siehe Watergate – vor der die übrige Welt mit Recht immer wieder in staunender Bewunderung steht.

Nein, Freundschaft kann nicht blinde Hingabe bedeuten. Wohl aber kann Kritik eingebettet sein in ein Gefühl tiefer Verbundenheit, großer Dankbarkeit und der Bereitschaft, zuzuhören und es nicht besser wissen zu wollen als die Freunde selbst.

Angesichts der Trauer über die Opfer von New York, Washington und Pennsylvania aber gibt es nichts als Solidarität und das Gelöbnis ihrer Fortdauer, nichts als unser Mitgefühl mit den Hinterbliebenen. Und den Glauben an Werte, die mir teuer sind und für deren Bestand kein Land der Welt mehr Garantie bietet als *Amerika*, Codewort für das kleinste aller Staatsübel in der Menschheitsgeschichte – die demokratische Republik, den demokratischen Verfassungsstaat. Ihm verdanke ich, dass ich, ungeachtet anderer Ansichten, diese Schrift angstfrei zu Papier bringen kann – welche Kostbarkeit.

Und so sage ich denn, biographische Summe meiner Erfahrungen in Vergangenheit und Gegenwart, meiner Hoffnungen, meiner Wünsche und meiner Grüße hin «übern Großen Teich»:

Wie gut, dass es Amerika gibt – wie gut!

Ralph Giordano, 1923 in Hamburg geboren; während der NS-Zeit verfolgt, weil seine Mutter Jüdin war; arbeitet als Journalist, Fernsehdokumentarist und Buchautor («Die Bertinis», «Die zweite Schuld», «Die Traditionslüge»).

Klaus Harpprecht

Sind wir alle Amerikaner?

Keine Phrase schien unseren Staats- und Stadtleuten in diesen
Tagen der großen Worte und der größeren Ängste so leicht von
den schmalen Lippen zu springen wie das Bekenntnis: Wir
sind alle Amerikaner. Man weiß es, welche Zeugen ihnen die
Formel zugeraunt haben: Sie dachten, es läge nahe genug an
John F. Kennedys Berliner Credo, das zu den Urworten des
20. Jahrhunderts zählt. Vielleicht hörten sie auch von fern her
die Pariser Studenten vom Mai 1968, die mit dem Blick auf ihren mächtigsten Rhetor, den Rotschopf Cohn-Bendit, den
Schlachtruf skandierten «Nous sommes tous les juifs Alle-
mands». Oder erinnerten sie sich an Helmut Schmidt, der in
den späten siebziger Jahren bei einer Rede in Baltimore unsere
Zugehörigkeit zur Zivilisation der transatlantischen Partner
mit genau diesem Satz zu umschreiben versuchte?

Nirgendwo stimmt die Bekundung unseres Amerikaner-
tums mit der Geschichtserfahrung und dem Lebensgefühl der
Deutschen klarer überein als in der alt-neuen Hauptstadt –
wenigstens in ihren westlichen Quartieren. Denn in Berlin
wurde die Ankunft der GIs im bedrückenden Sommer 1945 in
der Tat als eine Befreiung empfunden, was die Mehrzahl unserer Landsleute erst als eine historische Wahrheit begriff, die sie
allesamt tief geprägt hat, als sie mit vierzigjähriger Verspätung
von Richard von Weizsäcker endlich couragiert und präzise
ausgesprochen wurde: Dass auch für uns (im Westen) der
8. Mai 1945 ein Tag war, an dem uns die Chance einer Rückkehr
in die Freiheit geschenkt worden ist. In Berlin dachten, fühl-

ten, wählten die meisten der Bürger längst amerikanisch – dank, das versteht sich, der Luftbrücke, dank der Schutzwachen an der Sektorengrenze, dank Rias, dank der Freien Universität, dank des unbeugsamen Willens aller Präsidenten in Washington, die Präsenz der Vereinigten Staaten in dieser Stadt niemals preiszugeben. Nirgendwo wurden die Gewohnheiten des amerikanischen Alltags williger aufgenommen, rascher womöglich als drüben in der Bundesrepublik, in Frankreich, in Italien, die allesamt, wie die halbe Welt, bis in jeden Winkel ihrer Existenz amerikanisiert sind, ob es ihnen lieb ist und ob sie es sich selber eingestehen oder nicht.

Aber auch dies ist wahr: Nirgendwo brandeten in der unglückseligen Epoche des Vietnam-Krieges die antiamerikanischen Ressentiments heftiger auf als in Westberlin, das es sich in der bergenden Gewissheit der Subventionen allzu gemütlich gemacht hatte. Nirgendwo tobte der Hass auf den großen Bruder ungehemmter durch die Straßen. Nirgendwo quoll der Schaum des Protestes üppiger unter den Schnauzbärten hervor. Nirgendwo brüllte man mit solch veitstänzerischer Besoffenheit die brutale und so grundverlogene Parole «USA – SA – SS». Vermutlich wird eine sorgsame Studie zeigen, dass die Kerntruppe der antiamerikanischen Revolte mit den Berlinern selber nicht allzu viel zu schaffen hatte. Wir wissen auch längst, dass sie auf heimlich-unheimlichen Wegen von den beamteten Hassproduzenten der Stasi mit einiger Systematik geschürt wurde. Sie lieferten Öl und Benzin, um die Brandherde des Zorns zu nähren. Wir haben es nicht vergessen. Das kriegerische Engagement der westlichen Vormacht in Südostasien war ein welthistorischer Irrtum, der ins Kriminelle umschlug. Er war, um Talleyrands bitterböses Bonmot zu zitieren, schlimmer als ein Verbrechen: er war eine Dummheit.

Aber in jenen Wogen des antiamerikanischen Aufruhrs

schwemmten ungute Reminiszenzen aus dem Bodensatz der Kollektivseele nach oben: Ein teutonistischer Grundhass auf den «Westen», den Amerika repräsentierte; ja, ein negativer Nationalismus, mit dem sich die moralisierenden Paukenschläger über das erbärmliche Versagen der älteren Generation hinweg ins Recht zu setzen versuchten. Mit anderen Worten: Man ließ die Amerikaner und den Bonner Staat, der ihr Geschöpf war, mit dem Pathos des nachgeholten Widerstandes für die Schwäche der eigenen Väter und Mütter büßen. Und schließlich: Im Tarnmantel des Antizionismus rumorten oft genug die überkommenen antisemitischen Ressentiments – auch sie von «drüben» schamlos ermutigt. Wie teilnahmslos der vermeintliche Moralismus der fanatischen Sekten war, die unsere intellektuelle Welt ein gutes Jahrzehnt lang einzuschüchtern vermochten, erwies sich in dem dumpfen Schweigen, mit dem die Ankläger amerikanischen Unrechts den tausendfachen Mord und die barbarische Entrechtung von Millionen Vietnamesen nach dem Sieg des Vietcong hinnahmen – ohne die geringste Regung der Entrüstung und der Solidarität.

Sind wir alle Amerikaner? Ist unser Verhältnis zu den Vereinigten Staaten seit jenen Heimsuchungen nicht auf seltsame Weise gebrochen? Haben wir uns – wenn auch nicht in gleicher Entschlossenheit wie die Franzosen – Schritt für Schritt von der gigantischen, weltbeherrschenden Über-Macht entfernt? Türmten sich unsere Vorbehalte nicht in Wahrheit fast so hoch wie die Stahlkolosse auf, die über Manhattan in den Himmel ragten? Der Golfkrieg. Das Demonstrationsritual bei den Visiten amerikanischer Präsidenten, das zur politischen Folklore der Stadt zu gehören scheint. Unser Unbehagen an der Todesstrafe, das so tief (und so berechtigt) ist, dass uns gar nicht mehr in den Sinn kommt, wie lange bei uns – nämlich bis zur Ankunft der Alliierten – die Köpfe rollten, zehntausendweise, und wie knapp die Frist ist, seit Frankreich die Guillotine in den Ruhestand schickte (knapp zwei Jahrzehnte) – von den Massenexekutionen im China unserer Tage nicht zu reden.

Aber ist es denn wahr, dass sich die Amerikaner nach dem entsetzlichen Fanal des 11. September einer Orgie der Hassgefühle und des Verlangens nach Rache überlassen? Sie sagen den Terroristen ihre unerbittliche Feindschaft an, das trifft wohl zu. Aber überwiegen nicht die Stimmen, die zu Besonnenheit und Umsicht mahnen? Wo flammt er auf, der (angeblich) alttestamentarische Zorn, der sich anmaßt, die Gerechtigkeit Gottes zu ersetzen? Und wo flackert der apokalyptische Irrsinn? Gewiss nicht in den Worten und in den Zügen des Präsidenten Bush jr., die nicht durchgeistigter, aber auch nicht verdunkelter sind, als es ihm eine eher geizige Natur zugestand? In denen seiner Minister? Der Senatoren? Waren nicht die Stimmen der Moderatoren und Kommentatoren von CNN ein bewegendes Zeugnis der Vernunft, der Ruhe, der klugen Professionalität – im Gegensatz zu der latenten und so hilflosen Hysterie, von der unsere deutschen TV-Helden gebeutelt waren? Es ist auch wahr, dass in den Vereinigten Staaten erst gestern Kain den Abel erschlug. Der Kain von weißer, der Abel in der Regel von schwarzer Haut. Und bei uns? Sechzig Jahre sind nur ein Atemhauch der Geschichte. Kain und Abel, die zu Millionen mordeten und gemordet wurden, unterschieden sich noch nicht einmal durch die Farbe der Haut.

War der Hass, war die Rachsucht jemals ganz in unseren Seelen erloschen? Haben nicht wir die Zivilisation vor gut einem halben Jahrhundert in die Luft gesprengt – ihre sittlichen Fundamente, nicht nur ihre weltlichen Türme, die nun in New York in sich zusammengesunken sind? Sind wir vor Selbstgerechtigkeit geschützt, weil wir – anders als die Amerikaner –

das Beten verlernt haben? Vor Hochmut schütze uns Gott. Davon weiß man in Berlin, wenn denn irgendwo, ein Lied zu singen. Wir sind alle Amerikaner? Wäre es nur wahr.

Klaus Harpprecht, geboren 1927 in Stuttgart, lebt als freier Schriftsteller in Südfrankreich. Er arbeitete viele Jahre als Fernsehkorrespondent in den USA. Letzte Buchveröffentlichung: «Im Kanzleramt. Tagebuch der Jahre mit Willy Brandt».

John Updike

Der Albtraum dauert an

Plötzlich aufgerufen, Zeugen von etwas Ungeheurem, Entsetzlichem zu sein, müssen wir uns lange dagegen wehren, es auf unsere eigene Kleinheit zu reduzieren. Ich war bei Verwandten in Brooklyn Heights zu Besuch, und von ihrem im neunten Stock gelegenen Apartment aus gesehen hatte die Zertrümmerung der Zwillingstürme des World Trade Center die trügerische Intimität, die das Fernsehen schafft, Fernsehen an einem Tag, da der Empfang besonders gut ist. Ein vier Jahre altes Mädchen und seine Babysitterin riefen aus der Bibliothek und zeigten durchs Fenster auf das rauchende obere Ende des Nordturms, keine Meile entfernt. Der Anblick war, beim ersten Hinsehen, eher merkwürdig als schrecklich: Rauch, mit Papierfetzen durchsetzt, ringelte sich in den wolkenlosen Himmel, und seltsame tintige Rinnsale liefen an der vertikal geriffelten Oberfläche des riesigen Gebäudes herab. Das W.T.C. hatte einen blassen Hintergrund für unseren Ausblick von Brooklyn auf Lower Manhattan gebildet, nicht geliebt wie die steinernen, in krönenden Spitzen auslaufenden Midtown-Wolkenkratzer aus den dreißiger Jahren, denen es den Rang als New Yorks höchste Bauwerke abgelaufen hatte, bei bestimmtem Lichteinfall aber doch schön in seiner prä-postmodernen Mischung aus alles überragender Immensität und architektonischer

Reprinted by permission; © 2001 John Updike. Originally published in *The New Yorker*. All rights reserved. Other *New Yorker* pieces on the attacks are available at www.newyorker.com

Zurückhaltung. Als wir beobachteten, wie ein Feuerball aus dem Südturm schlug (wegen eines sich dazwischenschiebenden Gebäudes war der Anflug des zweiten Flugzeugs nicht zu sehen gewesen), erschien das, was sich da abspielte, immer noch als etwas, das nicht ganz real war, sondern nur im Fernsehen stattfand; es ließ sich wieder in Ordnung bringen; die Technokratie, die die Türme symbolisierten, würde einen Weg finden, das Feuer zu löschen und die Verheerung rückgängig zu machen.

Und eine Stunde später dann, während meine Frau und ich vom Dach des Gebäudes in Brooklyn aus zusahen, sackte der Südturm aus unserem Fernsehbild; er sank ganz gerade nieder wie ein Aufzug, das klirrende Beben und das Stöhnen der Erschütterung waren für uns, eine Meile entfernt, deutlich wahrnehmbar. Wir wussten, Tausende waren in dieser Minute umgekommen, vor unseren Augen; wir klammerten uns aneinander, als ob auch wir untergehen müssten. Inmitten der glitzernden Unbewegtheit der vielen Gebäude jenseits des East River hatte sich, wie auf elektronischen Befehl, eine Leere aufgetan, unter einem Himmel, der, bis auf die schweflige Wolke, die nach Süden zum Meer hintrieb, von schierem Blau war und auf unheimliche Weise rein und unberührt, weil es keine Jetstreifen gab. Eine schnell wachsende Wand aus Qualm und Staub wälzte sich durch Lower Manhattan und deckte alles zu; den Einsturz des anderen Turms konnten wir nur im Fernsehen verfolgen, wo die Bilder vom unabwendbaren Flugzeug, von explodierendem Kerosin und implodierendem Turm in einem fort gezeigt wurden, laufend wiederholte Ausschnitte aus einem Albtraumballett.

Der Albtraum dauert an. Die Toten liegen unter den Trümmern, immer noch gibt es Berichte von den Mobiltelefonanrufen in letzter Minute, viele bewundernswert gefasst und liebevoll, das Geräusch eines Flugzeugs überm Haus stellt immer noch eine fremde, ungewohnte Bedrohung dar, der Gedanke, mit unserer alten blasierten Unbekümmertheit eine Maschine zu besteigen, rückt in immer fernere Vergangenheit. Männer, die bedingungslos bereit sind, ihr diesseitiges Leben für das jenseitige eines Märtyrers hinzugeben, vermögen weiterhin Zerstörung über uns zu bringen, in einem Ausmaß, das jeder Vorstellung hohnspricht. Krieg wird geführt, mit einem Fanatismus, der Abstraktion verlangt – der aus einem Flugzeug voller friedlicher Passagiere, Kinder eingeschlossen, eine Lenkwaffe macht, die der gesichtslose Feind verdient. Die Abstraktionen sind das Privileg der anderen Seite; wir haben bloß die profanen Pflichten der Davongekommenen – die Teile einsammeln, die Toten begraben, mehr Vorsichtsmaßnahmen treffen, weitermachen mit dem Leben.

Das amerikanische Recht, sich frei zu bewegen, eines der Rechte, auf die wir so stolz sind, hat einen schweren Schlag erlitten. Können wir uns diese Freiheit leisten, die es, zum Beispiel, künftigen Kamikazefliegern ermöglicht, in Florida Flugunterricht zu nehmen? Der Nachbar eines der Verdächtigen, der in Florida Quartier bezogen hatte, erinnert sich, dass der Mann sagte, er könne die Vereinigten Staaten nicht leiden: «Er sagte, hier würde alles zu lax gehandhabt. Er sagte ‹Ich kann gehen, wohin ich will, und niemand hält mich auf.›» Eine surreale Klage, ein Betteln vielleicht, man möge ihn aufhalten. Surreal auch die Stille des Himmels in diesen Tagen, da der Flugverkehr über Amerika eingestellt ist. Aber fliegen müssen wir wieder; Freiheit ist nur um den Preis des Risikos zu haben, und als ich am Nachmittag durch Brooklyn Heights ging, indes Asche in der Luft trieb und dann und wann ein Auto vorüberfuhr und die Lokale an der Montague Street die Tische im Freien gedeckt hatten wie sonst auch, wurde der Eindruck wieder lebendig, dass dies ein Land ist, für das es sich trotz all seiner Schwächen zu kämpfen lohnt. Die Freiheit, die sich in der Buntheit und alltäglichen Ungezwungenheit der Straße spiegelte, war wie mit Händen zu greifen. Sie ist das Lebenselixier der Menschheit, auch wenn einige es in Gift umwandeln. Am nächsten Morgen kehrte ich zum Aussichtspunkt auf dem Dach zurück, von wo wir den Turm so grauenhaft von der Bildfläche hatten verschwinden sehen. Die junge Sonne schien auf die gen Osten gewandten Fassaden, ein paar Boote bewegten sich zögernd auf dem Fluss, von den Ruinen stieg noch Rauch auf, aber New York sah herrlich aus.

Deutsch von Maria Carlsson

John Updike, 1932 in Shillington, Pennsylvania, geboren, wurde für sein literarisches Werk mit zahlreichen Preisen ausgezeichnet. In deutscher Sprache erschien zuletzt sein Roman «Gertrude und Claudius».

Editorische Notiz und Quellennachweis

Alle Beiträge, die dieses Buch versammelt, wurden in den ersten zweieinhalb Wochen nach dem 11. September geschrieben. Sie sind unter dem unmittelbaren Eindruck der Terroranschläge auf das World Trade Center in New York und das Pentagon in Washington entstanden und verbinden sehr persönliche Berichte mit dem Bemühen, das Unbegreifliche zu verstehen. Gemeinsam dokumentieren sie die erste Reaktion auf ein Geschehen, nach dem die westliche Welt nicht mehr dieselbe ist wie zuvor.

Eine Reihe der Texte wurde bereits in deutschen und internationalen Zeitungen und Zeitschriften publiziert; die übrigen Beiträge entstanden auf Bitten des Verlags. Einige Autoren von bereits publizierten Texten haben ihre Beiträge für die Buchfassung leicht überarbeitet oder uns ausführlichere Versionen zur Verfügung gestellt.

Der Beitrag von Toni Morrison (13.9.) ist im Original in der Zeitschrift *Vanity Fair* veröffentlicht worden.

Die Beiträge von Paul Auster (13.9.) und Irene Dische (20.9.) sind in der Wochenzeitung *Die Zeit* erschienen.

In der *Frankfurter Allgemeinen Zeitung* wurden die Texte von Martin Amis (21.9.), Louis Begley (14.9.), Tahar Ben Jelloun (21.9.), Colum McCann (17.9.) und José Saramago (21.9.) publiziert. José Saramagos Text erschien zuerst in *El País* (18.9.)

Der Text von Susan Sontag wurde im Original in der Zeitschrift *New Yorker* (24.9.) gedruckt, in der deutschen Übersetzung in der *Frankfurter Allgemeinen Zeitung* (15.9.). In derselben Ausgabe des *New Yorker* erschien der Beitrag von John Updike.

Die Beiträge von Stewart O'Nan (21. 9.), und Ahdaf Soueif (17. 9.) und Klaus Harpprecht (15. 9.) wurden von der *Süddeutschen Zeitung* veröffentlicht.

Die Texte von Naomi Bubis (18. 9.) und Richard Herzinger (24. 9.) erschienen in der *Neuen Zürcher Zeitung*, der Text von Laura Nolte (22. 9.) in der Zeitung *Die Welt*, die Beiträge von Peter Schneider und Ulrich Wickert in der Wochenzeitung *Die Woche* (beide am 28. 9.).

Der herzliche Dank des Verlags gilt den Autorinnen und Autoren, den Übersetzerinnen und Übersetzern, ebenso den beteiligten Agenturen sowie den Redaktionen der erwähnten Zeitungen und Zeitschriften für ihre Bereitschaft, das Zustandekommen dieses Buchs unter ungewöhnlichen Bedingungen zu ermöglichen.